U0504721

中国脱贫攻坚
县域故事丛书
County-level Story Series on
Poverty Alleviation in China

中国脱贫攻坚
田阳故事

全国扶贫宣传教育中心 组织编写

人民出版社

目 录
CONTENTS

前　言

　　2010 年 5 月 10 日上午，习近平同志来到广西壮族自治区百色市田阳县那满镇新立村共联屯调研。在听取当地干部群众的心愿和建议后，他说，大家的需求很现实。解决大家提出的困难，一方面要靠乡

壮族同胞祭祀壮族人文始祖布洛陀

亲们自力更生，另一方面要靠政府提供更多更好的公共服务。对贫困地区和共联屯这样的移民村屯，各级党委、政府要根据特殊困难和实际需要，采取有针对性的政策措施，保护好广大群众的生产积极性，帮助他们发展生产，提高生活水平；要加强政策引导和产业扶持，把产业扶贫开发和城乡统筹扶贫开发结合起来，特别要抓好边境地区、革命老区、大石山区、民族自治县的扶贫开发工作。希望大家早日把新立村建设成为一个全面小康的社会主义新农村，真诚地祝福乡亲们的生活越过越好！

田阳区地处广西壮族自治区西部，古属百越地，秦属象郡，汉至东晋属增食、增翊县。1912—1913 年，成立奉议、恩阳两县。1935 年，奉议、恩阳合并为田阳县，县治在那坡镇。新中国成立后，1954 年县治迁至今田州镇。2019 年 8 月，国务院批复同意田阳撤县设区，设立田阳区，成为百色市区的一个重要组成部分。

田阳区总面积 2394 平方公里，辖 10 个乡镇、152 个行政村、4

田阳农民在采收芒果

右江河谷平原上连片的番茄基地

个社区，有壮、汉、瑶等民族，总人口 35.6 万人，其中壮族约占 90%。田阳是壮族布洛陀文化的发祥地，是明代著名壮族抗倭女英雄瓦氏夫人战斗过的地方，是百色起义的策源地之一。

一直以来，田阳得到了中央领导同志的亲切关怀。习近平、栗战书、汪洋、江泽民、胡锦涛、朱镕基、温家宝、贾庆林等中央领导同志均到过田阳视察，给予了田阳干部群众巨大的鼓舞！

田阳境内有平原台地、丘陵、山地三种地形，地势中间低、南北高，东西狭、南北宽，素有"两山一河谷"之称。

田阳的优势在于自然资源丰富，气候适宜农业生产，是发展芒果、秋冬菜等特色产业的"天然温室"，是全国商品粮基地、全国重要的"南菜北运"基地、中国芒果之乡。

田阳的地形像一只引吭高歌的大公鸡，其中"鸡首"部分是北部土山区（主要含玉凤镇），"鸡脖""鸡胸"部分为中部河谷丘陵地带（主要含田州、头塘、百育、那坡、那满 5 个乡镇），而"鸡尾"部分是南部石山区（主要含坡洪、洞靖、五村、巴别 4 个乡镇）。据统计，截至 2016 年 9 月，经贫困人口动态调整后，全区有贫困村 52 个，有建档立卡户 20806 户、75441 人（其中，已脱贫退出 6642 户、25222 人，未脱贫 14164 户、50219 人）。80% 的贫困人口集中在南北部山区。2020 年底，全区有建档立卡户 20509 户、75143 人，所有贫困户、贫困村均已脱贫摘帽，贫困发生率降至 0%。

脱贫攻坚关乎田阳数万建档立卡贫困户的民生福祉，是一段众志成城的感人历程，是一首责任与使命的奋进赞歌，也是一场彻底拔除"穷根"的攻坚决战！

在中央、自治区和百色市委、市政府的坚强领导下，田阳区委、区政府坚持把脱贫攻坚当作头等大事和第一民生工程，大胆探索、积极创新，按照"党委统一领导、政府全面落实、社会帮扶推动、干部联系包干、贫困户自主发展"的总体思路，创新"短期短平快保收入，中期上产业稳定收入来源，长期打造就业空间、解决后顾之忧"的"全链条式"精准脱贫模式，通过聚焦重点领域，推进重点、难点工作，逐步形成了"当下脱得贫、中期保得住、长期能致

2016 年，田阳县扶贫开发办公室获得"全国扶贫系统先进集体"证书

富"的递进式立体化扶贫新格局，步步为营，稳扎稳打，力求做到"扶真贫，真扶贫，真脱贫"，实践了田阳扶贫新经验，取得了脱贫攻坚新成绩！

2016 年，田阳成功实现 2 个贫困村脱贫出列，5685 户、18652 人脱贫摘帽，贫困发生率控制在 10.05%，县扶贫办荣获"全国扶贫系统先进集体"。2017 年，田阳共有 3799 户、15794 人脱贫、17 个贫困村脱贫，贫困发生率由 2016 年的 10.05% 下降到 2017 年的 5.53%，获得 2016 年度 33 个国家扶贫开发工作重点县、滇桂黔石漠化片区县考核第一等次。

2018 年，田阳共有 18 个贫困村脱贫出列、10360 人脱贫，贫困发生率由 2016 年动态管理后的 15.99% 下降到 2.17%，顺利完成广西壮族自治区扶贫成效考核"四合一"实地核查考评、脱贫攻坚省际交叉考核、东西部协作成效考核，实现了脱贫摘帽目标！

2019 年，田阳脱贫出列 7 个贫困村，减贫 1939 户、5662 人，巩固提升历年脱贫成果，贫困发生率控制在 0.29%，最终实现消除绝对贫困的宏伟目标！

一条条宽敞的道路连通城乡，一坡坡扶贫水果清香醉人，一个个新村庄显露山间，一批批建档立卡贫困户迁出深山、开启幸福美好新生活……田阳脱贫攻坚战取得的阶段性胜利，是各级领导科学决策的结果，是田阳干部群众努力奋斗的结果，也是社会各界真心帮扶的结果。同饮一江水，难忘帮扶恩。实施脱贫攻坚战几年来，"两广协作"硕果累累。据统计，几年来，深圳市南山区向田阳捐赠的财政及社会帮扶资金累计达 1.2 亿元，主要帮助解决山区群众人畜饮水问题，建设老乡家园路网、管网、学校、医院等配套设施，有力促进了搬迁群众喜迁新居。

人民对美好生活的向往就是我们的奋斗目标。

为了建档立卡户早日摆脱贫困奔小康，2016 年至 2020 年，田阳推选干部职工（含企业管理人员）6759 人次和自治区、市级各定点帮扶单位选派干部979人次，共7738人次参与帮扶所有建档立卡贫困户，同时选派优秀干部569人次担任第一书记和驻村工作队员，实现帮扶干部与建档立卡户、贫困村与非贫困村第一书记和工作队员的"全覆盖"。全区驻村工作队员和帮扶干部以时不我待的精神，全身心投入到脱贫攻坚工作中：他们有的徒步十几里山路深夜走访贫困户；有的像亲生儿女一样悉心照顾贫困老人；有的为困难学子慷慨解囊，捐资助学……县乡两级脱贫攻坚战指挥部攻坚不分昼夜：困了，有的干部就伏在桌上作短暂的休息；饿了，就吃一口东西继续奋战……大家心往一处想，劲往一处使，撸起袖子加油干，合奏出一曲慷慨激昂的攻坚赞歌！

实施精准扶贫、精准脱贫几年来，田阳广大帮扶干部向党和人民交出了一份令人满意的答卷：2016—2019年全区累计减贫14075户、50468人，贫困发生率由15.99%降至0.29%，贫困人口人均可支配收入从2014年的2737.64元提高到2020年的10267.47元，增幅为275.05%。此外，田阳先后成功举办了40多个国家级、自治区级、市级脱贫攻坚工作现场会；荣获2016—2017年度广西壮族自治区脱

2019年6月，田阳县扶贫开发办公室获得"人民满意的公务员集体"称号牌匾

贫攻坚先进集体；1人荣获2018年全国脱贫攻坚奋进奖；2016—2018年广西壮族自治区、百色市党政扶贫开发成效连续三年考核一等单位。2019年6月，县扶贫办被授予第九届全国"人民满意的公务员集体"荣誉称号。2019年7月，田阳代表广西9个脱贫摘帽县接受并通过国家抽检复核。

在脱贫攻坚工作的强力推动下，田阳经济社会发展进入快车道，各项经济指标快速增长。据统计，2020年田阳地区生产总值154.12亿元，增长7.2%；固定资产投资62.61亿元；财政收入8.26亿元；全部工业总产值222.3亿元，增长9.2%；社会消费品零售总额22.84亿元；城镇居民人均可支配收入35106元，增长3.1%；农村居民人均可支配收入15710元，增长8.6%。

脱贫攻坚的成果来之不易，源自于广大扶贫干部的巨大付出。2019年，一个田阳女孩的名字感动了中国。黄文秀（1989年4月18日—2019年6月17日），生于广西壮族自治区田阳县巴别乡德爱村多柳屯，2016届广西定向选调生、北京师范大学法学硕士，生前系广西壮族自治区百色市委宣传部副科长、乐业县新化镇百坭村第一书记。2018年3月26日，黄文秀来到广西壮族自治区百色市乐业县新化镇百坭村担任驻村第一书记。2019年6月17日凌晨，黄文秀同志从百色返回乐业途中遭遇山洪不幸遇难，献出了年仅30岁的宝贵生命。习近平总书记对黄文秀同志先进事迹作出重要指示，强调广大党员干部和青年同志要以黄文秀同志为榜样，不忘初心、牢记使命，勇于担当、甘于奉献，在新时代的长征路上作出新的更大贡献。2019年6月，全国妇联追授黄文秀"全国三八红旗手"称号。人力资源和社会保障部、国务院扶贫办追授黄文秀"全国脱贫攻坚模范"；2019年7月，黄文秀入选"中国好人榜"敬业奉献好人，被中华全国总工会追授"全国五一劳动奖章"，被中宣部授予"时代楷模"称号。

田阳人民的优秀女儿——黄文秀

2021 年 6 月 29 日，中共中央授予黄文秀"七一勋章"。

不忘初心，牢记使命！在以习近平同志为核心的党中央坚强领导下，田阳区委、区政府和全区干部群众以黄文秀同志为榜样，进一步坚定信心，鼓足干劲，众志成城，砥砺前行，为实现中华民族伟大复兴的中国梦不懈奋斗！

第1章

脱贫攻坚前贫困面广
特征成因复杂

田阳，古为百越地，位于广西壮族自治区西部，右江河谷中游，总面积2394平方公里，由南部石山区、北部土山区、右江河谷平原三个不同区域组成，属于滇桂黔石漠化区。复杂的地理环境带来发展机遇的同时，也给脱贫攻坚带来了更多挑战。

第一节　一河挑两山　发展步蹒跚

　　美丽的右江河穿区而过，给田阳创造了优越的自然地理环境。居住在田阳河谷一带的群众经过多年的摸索，逐渐走出了一条种植芒

美丽的右江河穿区而过，带富了右江河谷一带群众

南部山区山高路远，曾经是脱贫的"拦路虎"

果、番茄的脱贫致富之路，并一步步走向基地化、商品化、产业化、规模化。田阳也一跃成为全国重要的"南菜北运"基地县、中国芒果之乡。

田阳南部石山区分布着4个乡镇，具有典型的喀斯特地貌（岩溶地貌），航拍之下是一片层峦叠嶂：大山、岩石、峭壁，就像一道道紧锁的山门，阻塞了大山里的人们对美好生活的向往。脱贫攻坚前，田阳大部分建档立卡贫困人口生活在深受石漠化之困，且缺水、缺路、缺土地、缺产业的南部石山区乡镇，多数贫困村屯以种植玉米为主，增收渠道相对单一，贫困群众无法通过日常的生产脱贫。

北部土山区的1个乡镇，是全区土地面积最大的乡镇，境内大部分属于土山丘陵，土质肥沃、气候温和、雨水充裕，适宜种植各类经济作物。但原先道路的不通畅却让当地百姓吃尽了苦头。

2015年，田阳GDP总量为119.22亿元，全区居民人均可支配收入 15705 元，农村居民人均可支配收入 10109 元，而贫困人口人均可支配收入仅为 2736.33 元，河谷农民与山区农民发展水平差距大，曾为广西贫困面广、贫困程度深、脱贫任务重、脱贫成本高的县份之一。

第二节　先天有短板　脱贫遇"六难一差"

2017 年 11 月，经当时的广西壮族自治区扶贫开发领导小组审定，田阳有巴别乡、洞靖镇和五村镇 3 个深度贫困乡镇，田阳的贫困人口主要集中在南部石山区和北部高坡丘陵地区，3 个深度贫困乡镇中的巴别乡、五村镇位于南部石山区，洞靖镇位于北部高坡丘陵地区，自然资源禀赋不足。3 个深度贫困乡镇的贫困村多达 44 个，占全区 61 个贫困村的 72%，贫困程度较深，基础设施条件薄弱，人口文化程度相对较低，自我发展能力较弱。

一、行路难

山里辛苦经营的土特产运不出去，村里老人、孩子得了急病，车进不来……这是田阳过去村屯道路的真实写照，村屯道路通达程度较低。群众只能靠着一些山间石道或田埂边自己修的土路牙子，艰难地走出大山去改变命运。

二、饮水难

常言道："人可以三天不吃饭，但不能一天不喝水。"过去田阳石山区群众的饮水主要是靠挑、靠等。挑就是挑着担子到离家 3 里地的

蜿蜒陡峭的石山路是当时走出大山的重要通道

石洞里挑水，每天要走上好几个来回。到了旱季，石洞里的地下水打不到了，就只能等着老天下雨。当地人形容：一盆水先洗了菜，再洗脸，最后才轮到牲口喝。

三、用电难

早些年，电力在农村是稀缺资源。如若遇上用电高峰，电压极不稳定，经常出现电线燃烧导致停电的情况。而东拉西扯的电线随意穿窗入户，杂乱无章，宛如一张庞大的蜘蛛网，将整个村子都罩住。

四、增收难

"一亩三分地，种的都是黄金粒"。在田阳南部石山区流传着这样一句谚语。原先，石山区里可耕作的土地少之又少，群众只能在石头

石头缝里"见缝插玉米"

缝里种玉米、种红薯，靠天吃饭还经常颗粒无收。村集体经济基本没有，不少村部办公条件十分简陋。

五、上学难

扶贫先扶志，扶贫必扶智。在过去，很多镇、村的学校基础设施落后，一些学校的教室甚至还是几十年前建的老平房。除了办学条件差，乡村学校的另一软肋在于师资。有的教师一身兼数职，经常上节课教语文，下节课就串场教数学；这节课教三年级，下节课就教四年

永常村小学旧貌

山道弯弯求学路，昔日学童最辛苦

级。据统计，2014 年，田阳建档立卡的贫困人口中，小学以下文化程度的人口约为 30%，初中文化程度的人口约为 58%，高中（含中专）以上文化程度的人口仅约为 12%。

六、看病难

"看病难、看病贵"，这是原先边远乡镇群众面临的一大现实问题。交通的不便利，加上缺医少药，几个村才有一位乡村医生，村里的医疗问题大多靠他们解决。很多村医大多时候都是靠着双脚走到老乡家里问诊，常常是顾得了这家，却顾不了那户。村民犯病救治不及时，小病变大病的例子不在少数。

七、住房差

过去的田阳南部山区里，农民住的大多是木瓦结构的房子，经常

脱贫攻坚前破旧不堪的木瓦房

是"屋外大雨不断，屋内小雨不停"。楼下用来养猪养牛，楼上住人和储藏粮食。

"行路难、饮水难、用电难、增收难、上学难、看病难、住房差"这"六难一差"，成了田阳脱贫攻坚进程中"难啃的七块硬骨头"。

第2章

正视贫困谋出路
"全链条式"拔穷根

多年来，党和国家领导人以及广西壮族自治区主要领导先后到田阳视察、调研和检查指导脱贫攻坚工作，为田阳脱贫攻坚出谋划策，使全区广大干部群众备受鼓舞，增强了打赢脱贫攻坚战的信心和决心。

2009年，新立村共联屯由于土地贫瘠、基础设施落后、产业发展单一，全屯101户、390多人生活艰难，年人均收入仅2500元。

2010年5月10日，习近平同志到田阳县那满镇新立村视察。"在新立村考察的时候，习近平同志说，新立村的发展潜力很大。有党的正确领导，有党的富民政策，广大人民群众再发扬艰苦奋斗精神，新立村会有很大变化！"新立村党总支部书记回忆起当年的情景，内心仍然澎湃不已。

习近平同志的叮嘱和鼓励，凝聚成新立村干部群众的发展动力。2011年，在国家水利、国土等部门的支持下，田阳投入667万元在新立村共联屯开展"坡改梯"综合治理，整理出340亩连片田地并新建灌溉设施，将昔日"跑土、跑水、跑肥"的坡地，变成如今"保土、保水、保肥"的梯田。

随后，新立村共联屯开展土地流转，调整农业产业结构，将原本种植经济效益较低的甘蔗、玉米、木薯等作物，调整为种植经济效益较高的秋冬菜、芒果、香蕉、火龙果等。通过几年的努力，共联屯的人均收入从2010年的2500元提高到了2016年的8356元。

在新立村蜕变发展的这几年时间里，习近平总书记一直关心着百色老区的发展。2015年3月8日上午，习近平总书记参加十二届全

田阳区那满镇新立村共联屯新貌

国人大三次会议广西代表团审议。他来到人民大会堂广西厅，与广西代表团代表共商国是，共话发展。全国人大代表、田阳县那满镇新立村党总支部书记回忆了当年习近平总书记到新立村共联屯考察时的情景，并向习近平总书记汇报了共联屯这些年来的发展。"现在共联屯都有哪些变化？""农民年人均纯收入是多少？"……习近平总书记不时插话，对共联屯的发展十分关心。得知新立村用了不到五年时间，村民的生产生活条件大大改善，不再是过去那个贫穷落后的小山村，习近平总书记十分高兴，他说："希望下一个五年，你们村和整个百色地区能够同全国一起实现全面小康。"

截至 2020 年底，共联屯人均收入已提高到了 12500 元。而今，走进共联屯，道路硬化，交通便利，一幢幢乡村小别墅整齐排列，田地里庄稼丰收，山坡上果树成林，生活在这里的百姓幸福感满满。

第一节 不负厚望重托 布局谋篇攻坚

2016 年 9 月，经动态管理后，田阳共有贫困村 52 个，建档立卡户 20806 户、75441 人，其中，已脱贫退出 6642 户、25222 人，仍有未脱贫 14164 户、50219 人，且 80% 的贫困人口集中在南北部山区。

深度贫困，就像一道难以逾越的障碍。脱贫奔小康，是田阳人祖祖辈辈期盼的梦想；脱贫攻坚，就是为实现这个梦想而进行的一场轰轰烈烈的战斗！在精准脱贫攻坚战关键时刻，面对摆在面前的艰巨任务，田阳坚持把脱贫攻坚作为全县最大政治、最重任务和最好机遇，按照"党委统一领导、政府全面落实、社会帮扶推动、干部联系包干、贫困户自主发展"的工作思路，创新推行"短期短平快保收入；中期上产业稳定收入来源；长期打造就业空间，解决后顾之忧"的"全链条式"精准脱贫模式，全县上下形成"一个声音强调，一个标准要求，

全县动员部署 推进脱贫攻坚

一个步调行动"，凝心聚力推进脱贫攻坚，铆劲儿啃下脱贫攻坚路上最难啃的硬骨头！

第二节 "五大机制"保障 夯实工作基础

田阳坚持"为事业建制度、为工作立规矩、为发展建机制"的思想，建立健全工作机制，切实压实工作责任，确保领导干部人人有担当，人人有责任，人人有任务，形成层层传导压力、人人担当职责的工作氛围。

一、建立主官问政、扶贫专考、纪检监督制度

由区党政主官担任主考官，采取点题或指定汇报的方式，通过专场问政、会议问政、检查问政等形式，对各级领导干部掌握扶贫工作情况进行问政，同步对脱贫摘帽应知应会知识进行专考，纪检监察部

田阳县脱贫攻坚应知须知访谈测试

门对问政或专考活动中出现各乡镇、各部门不了解或对扶贫政策落实不到位的情况进行督办,确保做到真扶贫、扶真贫、真脱贫。

二、建立常任指挥长制度

健全"区处级领导、常任指挥长包片包村,乡镇、区直单位干部包户包人"帮扶机制。区委书记负责全面督查督战,区四套班子领导分成 24 个专项工作组,各明确 1 名县处级领导担任各组常任指挥长,细化具体任务,举全区之力推进精准扶贫。赋予常任指挥长负责事项决策部署、人事调配、资金调度决策权,强化区四套班子领导责任担当。

三、建立扶贫专项人大督查和政协点题视察制度

区人大常委会组织人大代表对政府职能部门精准扶贫推进情况进行专题询问、专项调研、专项督查等,并形成调研报告和督查通报送区委、区人民政府。区政协组织政协委员开展扶贫专项视察,合力将精准扶贫各项工作按标准、按进度扎实推进。

四、建立结对帮扶全覆盖制度

建立结对帮扶全覆盖"三双"制度。采取"区领导、常任指挥长包片包村,乡镇、区直单位干部包户包人"帮扶机制,区处级领导干部每人结对帮扶贫困户 6 户,正科级领导干部人均帮扶不少于 5 户,副科级领导干部和乡镇干部人均帮扶不少于 4 户,区直单位一般干部职工人均帮扶不少于 3 户,公安干警、教师和医护人员人均帮扶不少于 1 户。2016 年至 2020 年,区四套班子领导、"两院"主要领导等区处级领导挂点联系 61 个贫困村,选派优秀干部 569 人次组建田阳

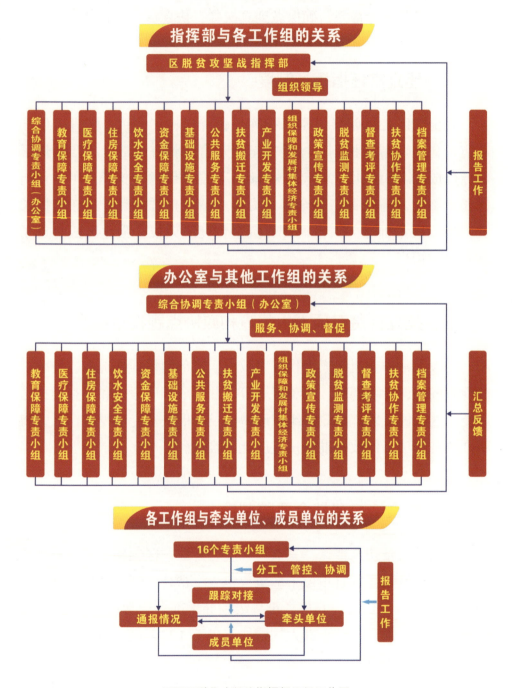

田阳区脱贫攻坚战指挥部组织运作图

区脱贫攻坚（乡村振兴）工作队，推选 7738 人次（含本区企业管理人员、自治区、市直干部 979 人次）结对帮扶贫困户，实现全区 156 个村（社区）和全部建档立卡贫困户结对帮扶全覆盖，实现贫困村和非贫困村选派第一书记全覆盖，实行不脱贫不脱钩，一帮到底。377 名区、市、县、乡驻村工作队员（含贫困村党组织第一书记）长期驻村。其中 52 个贫困村每村安排 1 名党组织第一书记、2 名以上工作队员，非贫困村每村安排 2 名驻村工作队员。创新推行"双承诺、双认定、双确认"的"三双"工作（即帮扶干部和贫困户双方签署帮扶脱贫承诺书，双方对帮扶措施和内容签字认定，双方对照脱贫摘帽"八有一超"退出标准进行确认），从根本上解决"带你脱贫和我要脱贫""帮什么和怎么帮"的问题，全程记录帮扶过程，得到广西壮族自治区政府的高度肯定并在全区推广。

深入群众，倾听民声

向群众宣讲惠民政策

指导种养

五、建立扶贫督查巡察机制

区委督查室、区人民政府督查室、区纪委、区委组织部、区攻坚办联合组成 10 个督查小组，对扶贫攻坚工作全覆盖、无死角进行监督，实行督查通报"红黑榜"，在工作中压实责任、传导压力，确保各项工作快速推进，精准落实。

第三节　建设两支队伍　织密攻坚网络

推进脱贫攻坚，关键是责任落实到人。田阳围绕造就素质高、能干事、作风好的脱贫攻坚(乡村振兴)工作队和村级扶贫信息员队伍，坚持从严选拔、从严教育、从严监督、从严考核，不断增强农村基层有生力量，为夯实脱贫攻坚队伍建设注入了强劲动力。

一、建设一支强有力的脱贫攻坚（乡村振兴）工作队

1.科学选派，配齐配强驻村队伍。严格按照"每个贫困村都有 3 名以上区级以上单位选派的工作队员，每个非贫困村都有 2 名以上

（其中至少 1 名为区级以上单位选派）工作队员驻村工作"这一要求抓好选派工作。同时，选派非贫困村（社区）第一书记，实现第一书记全覆盖。

2.完善制度，压紧压实责任。制定了《关于印发田阳县进一步明确和强化脱贫攻坚（乡村振兴）定点帮扶单位工作责任实施方案的通知》、《田阳区脱贫攻坚（乡村振兴）工作队管理实施细则》和《田阳区脱贫攻坚（乡村振兴）工作队管理奖惩办法（试行）》。

3.加强督查，常抓驻村纪律。制定《田阳县 2018 年基层党建工作、脱贫攻坚（乡村振兴）工作队管理、村干部日常管理情况"三合一"督查工作方案》，对驻村工作队员履职情况、驻村纪律进行随时随机督查，及时掌握队员工作开展情况，对工作不到位、履职情况不好、"假驻村"、"假整改"的现象零容忍，并及时提出处理意见，形成通报，督促工作队员"沉下身""沉下心"，切实扎根基层，深入服务群众。

4.加强培训，提高队员服务能力。每年举办一次"脱贫攻坚（乡村振兴）工作队全员培训班"，对工作队员进行全员培训，不断提高

工作队员服务脱贫攻坚和乡村振兴的能力和水平。同时还对培训效果进行闭卷考试及访谈测试，对补考后仍不合格的工作队员进行通报批评，不断提升全区工作队员业务素质，提升服务能力。

5.亮明身份，全面提升队员知晓度。为加速提升新一轮选派工作队员在群众中的知晓度，获得群众支持，统一制作工作队员的工作证胸牌、印有工作队员名字的工作服，制作驻村公开承诺"一户一贴"公示牌，同时要求工作队员严格贯彻联系群众工作制度，提升群众对工作队员的满意度。

6.提高待遇，激发队员工作积极性。严格落实自治区和百色市关于驻村工作队员各项工作经费和待遇，同时，按照"缺什么补什么"的原则，统筹资金为全区156个村（社区）工作队员配备热水器、电冰箱、炊具、卧具等用品。

二、建设一支熟悉业务的扶贫信息员队伍

1.公开招聘，优中选优。先后两次向社会公开招聘152名扶贫信息（档案）管理员。招聘工作按照"公平、公正、公开、择优"的原则和德才兼备的标准，经过计算机操作考试、面试、体检、政审、公示等程序海选招录，与被聘用人员签订3年固定期限劳动合同，并根据被聘用者的文化程度、户籍地等情况，就近安排所负责的行政村。全区扶贫信息员队伍中有区级5名、镇级20名、村级152名，年龄均在18—37周岁，且全部具有中专以上学历，熟悉计算机操作。

2.规范管理，严格考核。结合实际出台了《田阳区村级扶贫信息员工作职责及管理考核办法》，进一步明确村级扶贫信息员的工作职责及任务、工作制度和纪律，确保村级扶贫信息（档案）员队伍管理有章可循。此外，由各乡（镇）党委和人民政府按照"统一标准，分级考核"的办法，对信息员进行日常管理及考核，要求信息员接受村"两委"的领导和管理，考核结果存入个人档案，作为年度绩效奖励的发

放依据。

3. 注重培训，提升素质。一是做好岗前培训。针对新招录村级扶贫信息（档案）管理员所学专业不一、个人综合能力参差不齐、新参加扶贫工作思想水平有待提高的实际情况，田阳组织基层工作和档案管理工作经验丰富的领导干部，对全区村级扶贫信息（档案）员进行思想动员和业务培训，并按照"平衡提升，务实高效"的原则，全面培训精准扶贫基本知识、精准识别基本要求、国办扶贫信息系统操作、精准扶贫档案管理等内容，促使村级扶贫信息（档案）员能尽快掌握业务知识，尽快进入工作角色。二是及时做好知识更新培训。2018 年 3 月，田阳制定了《2018 年田阳县扶贫系统干部培训工作方案》，要求每季度至少对扶贫信息员进行专题培训 1 次，不断提高扶贫信息员的理论知识水平，增强其工作实操性，增强他们的履职能力，为田阳扶贫攻坚工作提供强有力的保障。

4. 优待人才，确保稳定。在管理和使用扶贫信息（档案）管理员工作中，始终坚持"只有善待人才，才能留住人才"的理念，积极做到"严格管理、赏罚分明、人文关怀"。一是坚持优化办公条件，安排专门的办公场所、档案室（柜）及电脑的同时，为每位村级扶贫信息员配备一台笔记本电脑，进一步提高村级扶贫信息员的工作效率。二是将村级扶贫信息员队伍建设经费纳入财政预算，为其缴纳"五险"，同时与政府工作人员享受同等年度绩效奖励。三是在春节等节日对在一线坚持工作的扶贫信息员开展慰问，切实关心他们的生活，为他们安心工作创造条件，并给予更多的人文关怀。

第四节　严格动态管理　"精准"贯穿全程

习近平总书记指出，要解决好"扶持谁"的问题，确保把真正的贫困人口弄清楚，把贫困人口、贫困程度、致贫原因等搞清楚，以便做到因户施策、因人施策。按照广西壮族自治区精准识别工作部署，田阳成立以区四套班子主要领导担任总指挥长，区委副书记、区政府常务副区长任常务副指挥长，其他 11 名区领导任副指挥长，40 个区直单位主要领导为成员的田阳决战贫困共奔小康攻坚指挥部，大力推进精准识别工作。

一、政策宣传，先入为主

坚持理论学习中心组集中学习，创建"新时代讲习所"和"田阳敢壮干部夜校"，带动、组织广大党员干部系统学习习近平新时代中国特色社会主义思想和国家扶贫政策等，受教育人次达 2.67 万，实现区级领导、帮扶单位领导、乡镇领导、脱贫攻坚（乡村振兴）工作队员、帮扶干部、村两委干部、村级扶贫信息员培训全覆盖。同时，制定出台了《田阳区精准扶贫政策宣传到村到户实施方案》《田阳区精准扶贫脱贫攻坚摘帽工作宣传方案》等文件并组织落实，以精准扶贫宣传标语牌、156 个行政村（社区）扶贫宣传窗、区电视台扶贫政策宣传解读专栏、扶贫政策宣传车等多种形式深入乡镇村屯流动宣传，编印扶贫惠农政策宣传资料发放，举办精准扶贫专题文艺巡回演出，帮扶干部通过建立扶贫宣传 QQ 群、微信群等把精准扶贫政策广泛宣传到农村群众中去，让精准扶贫政策家喻户晓、入耳入脑，干群合力打好脱贫攻坚战。

二、聚焦精准，全面识别

组建精准识别驻村工作队，共抽调 3163 名干部进村入户开展宣传和全覆盖排查。按照入户评分、两评议一公示（村民小组评议、行政村评议、农户评分公示）、财产检索核实汇总分数、公示公告贫困户等程序对农户开展建档立卡识别工作。

三、动态管理，应纳尽纳、应返尽返

采取"一进二看三算四比五议"工作步骤，把握好全面宣传与"两个公告"、对不诚信行为进行通报曝光、集中力量开展调查入户评分、坚持动态管理符合标准"应纳尽纳、应返尽返"四个关键，扎实开展财产检索、"两评议一公示"与集中录入系统信息工作，对应纳未纳农户进行新识别后纳入建档立卡系统管理，把经过财产检索不符合规定的，或是群众检举超过扶贫线的建档立卡贫困户在系统上进行剔除。

四、创新老人户单独识别工作机制

对老人单独识别户分类施策，区别对待：对无儿无女的老人户，启动五保户评定程序，符合条件的纳入五保；对子女全部在外或"上门"别家的老人户，实行财政兜底；对实际与子女共同居住或由子女长期赡养的老人拆分户，将子女与老人户按程序并户识别，符合条件的方可建档立卡，不符合条件的，以迁出移除等多种方式，对信息数据进行全面清理。这一做法得到原自治区扶贫办的高度认可。

五、推行"一户两评审"制度，确保高质量脱贫

在脱贫攻坚过程中，田阳每年对预脱贫户及已脱贫户开展两次"一户一评审"，制定一户一策，分乡镇统一交办，确保精准脱贫，巩固成果。年初制定本年度脱贫摘帽计划时，由区分管领导主持，抽调涉及"两不愁三保障"指标相关部门分管领导干部或业务人员、攻坚办相关专责小组成员组成区级评审小组，对乡镇提交的预脱贫户初步

工作队员宣传老人户单独识别机制

名单开展"一户一评审"：按劳动力占比、家庭健康情况、住房条件、教育和医疗负担赋予一定的分值权重，对计划脱贫户进行综合量化评分，从高至低进行稳定脱贫排序，确定年初预脱贫户名单。梳理每户预脱贫户本年度需攻坚内容，制定一户一策，分乡镇进行"一户一交办"。同时，乡镇参照区级评审流程，组织对本乡镇已脱贫户进行"一户一评审"，制定"一户一策"，并将评审后的脱贫户情况及"一户一策"交由区级组织审核，由区级组织"一户一交办"。脱贫攻坚期间，对交办的攻坚工作落实情况定时进行督查。每年9—10月，再次组织"一户一评审"工作，对原预脱贫户情况和脱贫指标达标情况再次进行评审，同时将未列入年初脱贫计划，但家庭情况较好的贫困户列入预脱贫。确保了贫困户高质量脱贫，杜绝了错退、假脱贫的现象发生，并巩固了脱贫成果。

第五节 聚焦满意指数 党建引领脱贫

能否打赢脱贫攻坚战，决定着群众的获得感和幸福感能否提升，也决定着能否全面建成小康社会和乡村振兴的质量。为打赢脱贫攻坚这场硬仗，田阳各级党员干部不忘初心、牢记使命，勇于担当、砥砺奋进，大力弘扬百色精神，传承红色基因，以坚强的决心、明确的目标、有力的举措，锤炼作风，增强本领，在决胜全面建成小康社会的征程中，勇做扶贫路上的"排头兵"，争当脱贫攻坚的践行者，让高扬在脱贫一线的党旗更加鲜红，让新时代中国特色社会主义田阳篇章更加华丽。通过配强班子、人才保障、激励机制及严格管理等措施，抓好基层党组织建设，为打赢脱贫攻坚战提供了人才和组织保障。2017 年，田阳 152 个行政村两委班子和 4 个社区两委班子换届选举工作全部完成，新两委班子较以前更为年轻化，有效提升了干部队伍活力。严格实施农村基层党组织评星定级和农村党员积分管理，推进基层党支部和党员积分常态化管理，有效破解基层党组织基础相对薄弱、党员管理难、作用发挥难等问题。创新打造"农事城办"、"党旗映山红"、"先锋守望"、"三方联动、精准监督"和"党群抱团"等一批党建促脱贫品牌，使精准扶贫、精准脱贫扎实深入开展。

一、开展"'换位沉底'六个一"活动，提升群众满意度

组织全区党员领导干部以"换位沉底"方式，担任行政村书记助理、主任助理，解决关系群众切身利益的重点和难点问题。通过"每周确定一个工作主题、召开一次民情会、进行一次夜访调研、体验一次'三同活动'、审核一次扶贫手册、落实一批帮扶措施"的"六个一"活动，实现帮扶措施"落地入户"常态化。截至 2019 年 11 月底，

田阳累计召开民情会 286 场，进行夜访调研 348 次，开展"三进三同三问"活动 522 次，办实事好事 403 件，切实提高了群众满意度。2018 年 8 月 15 日，广西电视台以"换位沉底解民忧促脱贫"为主题，专题报道了田阳的"换位沉底"工作方式。广西壮族自治区的《脱贫攻坚督查暗访专报》2018 年第 7 期对田阳这一做法给予"红榜"表扬。

二、推行农事城办

近年来，田阳有 6000 多户扶贫移民搬迁群众陆续从山区搬到了城区老乡家园，搬迁人数达到 25000 人。为使易地搬迁群众尽快融入新环境、开始新生活，田阳按照"党建引领、网格管理、农事城办、文明自治"思路，在扶贫易地搬迁安置点"老乡家园"社区探索推行农事城办服务工作机制，确保群众搬得出、稳得住、能致富。一是建立党组织。以"群众到哪里，组织服务就跟到哪里"为宗旨，成立"老

乡家园"社区党委,党委下设丽林"老乡家园"党总支和五指山"老乡家园"党总支,成立 5 个党支部,楼栋设立党小组,形成了"党委建在移民搬迁安置点,党支部建在小区、党小组建在楼栋"的组织管理架构,实现党的组织和工作全覆盖。二是设立居委会,成立 2 个社区居民委员会。同时社区成立工会、妇联、青年之家、老年协会等群团组织,对搬迁群众进行具体化分类管理服务。

田阳开展领导班子建设提升年活动,着力改进联系群众方式方法,在易地扶贫搬迁安置点设置"老乡信箱",借"老乡信箱"架起政府和群众之间的桥梁,收集搬迁群众"微心愿",实行"网格员 + 老乡信箱"服务模式,为搬迁群众提供产业、就业、卫生、法律等方面服务。那满镇新生村有一户贫困户夫妻二人均为残疾人,易地搬迁到老乡家园后,曾试着创业,但生意惨淡难以维持一家四口人的家庭开支。后来,男主人在小区楼道里看到"老乡信箱",便写了想进厂务工增加家庭收入的字条放进信箱。没想到社区的"网格员"第二天就到他家里了解情况,动员他参加社区的免费就业培训,并推荐他到小区楼下的"扶贫车间"就业。经过短期培训后,他掌握了电焊技术,最终进入社区内的东鑫电子厂"扶贫车间"上班,月收入近 2000 元。这户人家的故事在老乡家园口口相传,农事城办情暖搬迁群众,广受赞誉,也成了田阳老乡家园亮点服务窗口。

三、开展"先锋守望"关爱活动

在各村组建党员义工队伍,建立爱心服务队,以"一对一"结对帮扶方式,深入开展"先锋守望"关爱活动,确保特殊群体难有所帮、急有所助、病有所救,帮助他们同步脱贫。

一是通过"四定"(定标、定人、定责、定时),明确目标任务、服务主体。按照"一对一"原则(一名关爱对象落实一名村干部或党员义工负责联系照料,每村一个爱心服务团队负责联系帮扶),与全

党员义工开展"先锋守望"关爱活动

区 7873 名农村"三留守"人员和残疾人进行结对关爱，结对人员和爱心服务团队联动开展服务，及时解决关爱对象的困难和问题。目前，田阳组建先锋守望服务团队 157 个，7873 名先锋爱心人士与 7873 名困难群众建立"一对一"守望关爱帮扶对子，协调解决了 4700 多个困难和问题。

二是明确"五看"原则，确保关爱工作落到实处：一看留守儿童成长情况，发现成绩异常、思想或身体健康出现问题的，及时引导纠正和送医就诊。二看留守妇女劳作情况，了解其生产、生活情况，发现因劳力不足或生产技术不到位而无法正常进行生产的，及时组织党员义工帮助解决。三看"空巢老人"身心状况，发现有心理或身体健康问题的，及时疏导或送医就诊。四看病残人员起居情况，发现行动或劳作不便的，及时给予照理；发现思想情绪问题的，及时给予疏导和鼓励；有发展能力和愿望的，给予支持帮助。五看特殊群体保障情况，了解掌握其生产生活保障情况，发现问题及时协调解决。

五村镇桥马村一位七旬老人，因儿子儿媳常年外出务工而成为"留守老人"，桥马村党支部安排党员与其结对子，经常到家中帮老人做家务，又帮干农活，还一起谈心聊天，使老人不再孤单。

田州镇兴城村有一位残疾人，自幼失去双亲，主要靠低保维持生活。在关爱行动中，兴城村党支部帮扶党员除关心其生活起居外，还鼓励和帮助其学习电动车修理技术，使其掌握了修理技术并开了一个电动车维修店，收入及生活水平得到了提高。

四、建立党员创业带富基金会

田阳以区财政拨款 500 万元、从区代管党费中支出 20%、整合相关惠农项目资金和社会赞助的方式筹资建立"田阳区农村党员创业带富基金会",帮助农村能人党员及当时的建档立卡贫困党员解决发展资金问题,提高农村能人党员致富带富能力。在脱贫攻坚过程中,基金按照相关程序已发放 750 万元,援助 230 名能人党员、贫困党员发展脱贫产业项目 65 项,共接纳农村贫困人口 17832 人参与脱贫开发。

第六节 加强粤桂合作 凝聚社会力量

2016 年以来,田阳积极与深圳市南山区开展对口帮扶协作。截至 2020 年,双方党政主要领导开展互访对接 5 次,联合召开扶贫协作联席会议 10 次。争取到东部地区财政帮扶协作资金共计 16179.6 万元,实施智能化标准育苗项目、"老乡家园"安置点建设、贫困村基础设施建设和致富带头人培训项目等,协作资金 100% 用于脱贫攻坚工作。两地人社部门共同承办劳务协作专场招聘会 4 场次,参会企业超过 80 家次,帮助 1375 名贫困人口到广东省就业,两地人才交流和劳务协作进一步密切。

一、加强两广(南田)合作

深化推进深百(南田)众创园建设。出台扶贫协作招商优惠政策,引进佛山联合正展公司等 14 家东部企业到田阳投资建厂,累计投资 2.78 亿元。搭建深圳、田阳两地产销合作关系。充分利用电子商务平台，扩宽线上销售渠道，培育线下龙头企业，不断提升田阳特色农产品知名度，实现两地产销对接产值 3.52 亿元。开展社会慈善公益协作，有效扩宽扶贫协作覆盖面，推动群众满意度提升。

二、加大社会扶贫力度

制定印发了《田阳区五大社会扶贫工程实施方案》，实施爱心公益超市工程、"产业到家·牵手（留住）妈妈"工程、宽带网络入户工程、手机通信网络全覆盖工程和电力供应提级工程五大社会扶贫工程，撬动社会资本参与扶贫开发，充分发挥社会力量助推脱贫攻坚作用，形成专项扶贫、行业扶贫、社会扶贫"三位一体"的大扶贫格局。截至目前，田阳完成 15 个"爱心超市"建设，共筹集爱心款项 24.87 万余元。"产业到家·牵手（留住）妈妈"手工编织培训覆盖 8 个乡镇、26 个村、5165 人，贫困群众通过手工编织竹篮创收 18 万余元。中国移动百色分公司向田阳捐资 1600 万元，助力贫困群众宽带网络免费入户。

铁塔公司、移动公司、联通公司、电信公司联合推进手机通信网络建设，完成 21 座微型基站建设，解决了田阳部分自然屯尚未覆盖手机网络通信的问题。供电部门完成 45 台过载配变压器年度提级改造计划，解决了部分村屯季节性变压器过载的问题。

第3章

求变图强开新篇
扶贫花开结硕果

在轰轰烈烈的脱贫攻坚战中，田阳依照本地实际，配置"短平快"项目，创造如期脱贫条件；发展劳动密集型企业、商贸旅游业等产业，解决务工增收；落实"七个一批"帮扶措施，帮助群众脱贫摘帽；打造"七个"小镇，让脱贫群众致富，不断巩固提升脱贫成果。所推行的"全链条式"精准脱贫模式探索形成了"当下脱得贫、中期保得住、长期能致富"的递进式立体化扶贫新格局，脱贫攻坚取得了成功，向党和人民交了一份令人满意的答卷。

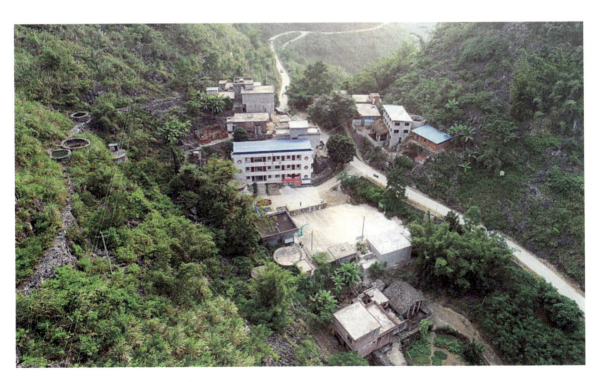

光琴村村部所在地俯瞰图

　　那满镇光琴村地处田阳区大石山区，石漠化土地 2000 多公顷占 92.7%。过去，深居大石山腹地的光琴人只能依靠传统农耕向石缝中的弹丸之地求得生计。在非旱即涝的恶劣自然条件下，玉米一年种了三四次却有可能颗粒无收，群众深受贫困困扰。"出山一次必须买回一个月的生活用品。"谈起过去，光琴村五才屯农户陈彩娥直摇头。

　　"政府一直记挂我们光琴啊。"村里的黄才芳老人一聊起村里的大事就滔滔不绝。20 世纪 70 年代，那满投入上千人用铁锤、钢钎、铁锹和镐头等原始工具，耗时 5 年多打通了光琴村与外界联通的毛路，可以骑自行车进出山村；20 世纪 90 年代，毛路修成了水泥路，沿途 9 个村 1 万多人"行路难"问题得到解决，摩托车、汽车开进了小村庄。2015 年，新一轮脱贫攻坚战打响，光琴村大力开展通屯道路建设大会战，将公路修到了产业基地、田间地头、群众家门口。修通陇残、岩照、陇敢、陇冲等 4 个自然屯共 10.5 公里的进屯道路和屯内道路，实现全村 20 个屯，屯屯通水泥路目标。

　　与外界连通后，人穷志坚、不向困难低头的光琴人不再局限于"与世隔绝"的穷旮旯，把眼光投向了更高更远处。田阳推行的生态建设综合治理，得到了群众的热烈拥护。平整山洼，不知搬运了多少碎石；石缝挖坑，不知挖断了多少锄把；爬山种植，不知磨破了多少双鞋子……区、镇、村干部与群众联合行动，拿下一座又一座山头，众志成城，血汗没有白流。如今，光琴村竹子种植已达到 1.5 万亩，中药材苏木种植面积 1.13 万亩，蜜柚 120 亩，芒果 50 亩。为保证林农经济收入稳定，光琴村成立了"田阳区壮鸿苏木种植专业合作社"，由合作社联系制药厂收购药材，并与群众订立苏木药材保护价，形成"工厂+合作社+农户"经营模式发展苏木药材生产。苏木已成为光琴村的主导产业，是农户增收的重要渠道之一。

　　"据估算，全村苏木产值 400 万元以上。"光琴村村支书说，现在仅苏木产业，平均每人每年能收入 3000 多元。

　　"脱贫攻坚，不能落下一人。"光琴村党支部把激发群众内生动力作为甩掉贫困落后村帽子的抓手，着力"抓党建，促脱贫"。2017 年以来，光琴村党支部先后被评为"三星级"党支部、"四星级"党支部，光琴村也被评为"治理有效红旗村"。在村两委的带领下，干群合力，心往一处想，劲往一处使，脱贫攻坚最难啃的硬骨头被啃下。截至 2020 年底，光琴村累计脱贫 121 户、446 人，目前所有建档立卡贫困户全部脱贫，全村贫困发生率为 0%。

随着脱贫攻坚战的深入，光琴村居住在地质灾害点、不适合生产生活地方的贫困户顺利搬迁，共有 56 户贫困户分别在城区"老乡家园""福晟一品湾"等易地扶贫搬迁安置点安家落户。由此，光琴村全村 326 户群众住房安全保障已达到 100%。全村自来水入户率达到 100%，有电用和有电视看达到 100%，城乡居民基本医疗保险参保率达到 98.65%，贫困人口参保率达到 100%。2018 年，光琴村与田阳区其他 17 个村一并脱贫摘帽，从贫困中华美蜕变。

50 多岁的杨大六，原是建档立卡贫困户，世代居住在田阳大石山区那满镇距城区 30 多公里的偏远村落新仑村陇礼屯，家有一儿一女，曾经生活窘迫，2016 年申请办理了小额扶贫贷款 5 万元投入产业发展，养猪、养牛、养羊。田阳区实施特色产业差异化"以奖代补"后，养一头猪可以获得补助

900元，仅养殖这一块杨大六一年就有了8000多元的收入。帮扶干部推荐他的女儿到乡镇政府当了扶贫信息员，每月有2000多元稳定收入。2018年11月，杨大六一家易地搬迁，入住"老乡家园"，成了城里人。一家三口住的三居室近75平方米，还有一间房留给已出嫁的女儿回来小住。杨大六的搬迁房获得国家补助10余万元，自己只出了7400多元。他还享有田阳区的20万亩农林生态脱贫产业核心示范区1股（1亩/股）资产联营股权并获得政府补贴的搬迁过渡期生活补助3000元。

随着脱贫攻坚的深入推进，杨大六一家年人均纯收入逐年增长，从2015年的2000多元提高到2018年的6000多元，2018年底顺利脱贫。在村里讨论低保问题时，杨大六主动提出他们家不再需要低保，要将低保留给更需要的乡亲。2019年春季学期，杨大六的儿子作为易地扶贫搬迁户子女，被就近安排到县城九小就读。"老乡家园"里配套设施很齐全，超市、药店、医院、健身场所、篮球场……应有尽有，周末还有露天电影看。农贸市场离得也不远，每年果蔬交易旺季，需要很多搬运工、包装工、分拣工，这也是就业机会。对未来美好生活充满信心的杨大六一家，是田阳全区6000多户易地扶贫搬迁户受益于"全链条"精准扶贫模式的一个缩影。

第一节 "一红一绿"小果蔬 成就富民大产业

2017年4月，习近平总书记在广西考察时强调，要"把现代特色农业这篇文章做好"。按照这一指示，田阳实行现代特色农业与脱贫产业融合发展，将芒果、番茄种植列入全区"5+2"特色产业范围，找准"一个定位"，联动"两大机制"，聚力"三个落实"，攻坚克难，做大做强芒果和番茄"一红一绿"产业。每年6月至8月芒果丰收，

10 月到次年 4 月西红柿丰收。"一果一蔬"，一先一后，助力农民持续增收，彰显特色产业减贫带富作用。截至 2018 年底，芒果、番茄种植产业辐射带动田阳 8180 户、28330 人脱贫致富，分别占当时全区总脱贫户数的 67.4%、总人数的 63.2%，成为田阳助农增收脱贫致富的两大支柱特色产业。

一、"一个定位"明确特色产业发展目标

田阳原来的农村贫困人口大部分生活在石漠化严重和缺水、缺路、缺土地、缺产业的南部大石山区乡镇，增收渠道非常单一。按区级脱贫攻坚项目数据库分析，2018 年以前，田阳累计仍有 8120 户、31560 人需通过产业扶持来实现脱贫。田阳认清现实，正视问题，聚焦建档立卡贫困人口脱贫和贫困县脱贫摘帽要求，聚焦"两不愁三保障"脱贫标准，把发展芒果和番茄产业作为优势产业，作为带动脱贫人口脱贫致富的重点工作抓紧抓好。

20 万亩农林生态脱贫产业核心示范区

二、"两大机制"联动服务农户需求，筑牢产业发展根基

田阳按照"统筹规划、政府主导、社会参与、多元投入"思路，建立带贫机制和利益联结机制，因地制宜，把资源与产业进行最佳组合。利用土山和丘陵山地发展芒果生产，利用右江河谷光温水资源、冬闲田资源和冬季天然温室条件，发展以番茄为重点的秋冬菜生产，有效地把资源优势转化为产业优势。

1. 一是"三星三带"发挥带贫机制作用，激发贫困群众内生动力。通过星级示范基地、星级合作社、星级致富带头人带动作用，解决了贫困群众在产业发展起步阶段"怕种不成"的问题，消除贫困群众的顾虑。

星级示范基地带动扶贫特色产业健康发展。打造北部 20 万亩农林生态脱贫产业核心示范区、右江河谷现代特色农业果蔬产业示范区等特色产业基地，辐射带动田阳区芒果、茄果类特色产业规模化、产业化、集约化发展。2016 年以来，成功创建广西现代特色农业示范

田阳区兴城村番茄种植基地

区自治区级核心示范区 3 个、县级示范区 4 个、乡级示范区 26 个、村级示范点 162 个。

星级合作社带动贫困户产业持续增收。龙头企业联动农民专业合作社，贫困户以带资入股、返包管理、务工就业、资产性联营等方式增收。目前，田阳全区共有芒果龙头企业 5 家，成立"田阳区蔬菜协会"等果蔬专业合作社 240 个。其中，兴城番茄专业合作社种植番茄 4000 多亩，平均亩产 5000 公斤，总产量 2000 万公斤，总产值 9200 万元，户均番茄收入达 5.78 万元，人均番茄收入 1.57 万元，成为田阳种植番茄产量最高、质量最好、效益最佳的种植大户。田州镇兴城村也因此荣获农业农村部授予全国一村一品示范村"中国番茄村"称号。

星级致富带头人扶贫帮带贫困户创业。田阳从 10 个乡镇 61 个贫困村中精选出 186 名创业致富带头人，经过培训后，授予"田阳区贫困村创业致富带头人"称号，给予金融扶持、产业奖补、农业保险等方面扶持，开展跟踪服务，确保其发挥减贫带富作用。如全国劳动模

莫文珍为群众传授芒果种植技术

范莫文珍带领尚兴村全村 225 户、1135 人到右江河谷的平旺、绿务等 10 个异地开发点承包开发荒坡种植芒果已达 3200 多亩。2020 年，尚兴村芒果产业实现收入近千万元，全村人均纯收入达 8725 元，村里大部分农户都住进"芒果楼"，开上"芒果汽车"。尚兴村的做法辐射带动田阳全区 1200 多户群众异地种植芒果。

2."三建三提"发挥利益联结机制作用，有效促进了企业和农户双赢。政府支持企业、企业带动农户，通过土地流转、就业务工、企业订单等方式，引导贫困户参与企业生产经营，让企业与贫困户形成利益共同体，解决贫困户"怕卖不出"的问题，促进贫困户增收。贫困户分享产业发展红利、深度参与企业生产，变"扶持到户"为"效益到户"，一举两得。

3.建设品牌，提高产品知名度。田阳作为第一个"中国芒果之乡"申请通过"百色芒果"原产地保护认证、无公害芒果产品认证，统一"百色芒果"区域品牌标识；注册"壮乡河谷""七里香""布洛陀""醉美乡村""壮乡红"等商标，打造田阳特色果蔬品牌。开展"百色芒果""田阳圣女果"品牌宣传推介。每年承办中国—东盟（百色）现代农业展示交易会平台，宣传田阳芒果、田阳番茄；每年组团到北

田阳农副产品综合批发市场已成为中国西南最大的农副产品产地批发市场，是农业农村部确定的"定点鲜活农产品中心批发市场"，被商务部确定为"双百市场工程"农产品市场。每年果菜交易量达100万吨以上，交易额达15亿元，提供就业岗位3万多人次，带动了近10万户、20万人（包括周边县区）投入蔬菜水果种植，促进了田阳及周边县区农产品生产和农村经济发展。

京、上海、广州等地举办芒果展销会、推介会；与家乐福等各大超市合作，让田阳的芒果、番茄进入大卖场销售，提高田阳果蔬的知名度。打响田阳特色果蔬品牌，发展芒果、番茄等农副产品深加工，年产值达20亿元以上。

4.建设渠道，提高产品销售量。建设农产品综合批发市场、中国—东盟现代农业物流园。开通百色—北京果蔬专列，建成农副产品综合批发市场、三雷老韦物流、壮乡河谷公司、中国—东盟现代农业物流园等具有大规模冷链的物流企业。田阳拥有冻库近10万立方米，冷藏运输车 10 余台，总运力 215 吨 / 次，芒果、番茄产业形成了完整的"种植—收购—包装—运输"链条。2020 年，田阳全区芒果通过综合批发市场实现销售超过 14 万吨。扶持培养本地农民营销队伍已超 3500 人，外地客商常驻田阳果蔬进货员已超过 2100 人，引导农民和农业企业到全国各地设立销售网络点达 200 多个。

5.建设电商市场，提升物流配送服务能力。成立广西田阳赶街电子商务有限公司，打造"县买县卖"电商服务平台，设立"田阳特色馆"；支持阿里巴巴百色产业带、淘宝百色馆、微商等建设。建立健全"区、乡、村"三级电商物流体系，实现所有快递到村级服务网点 3 天内送达，打通田阳全区农村电商物流"最后一公里"。2017 年，田阳被评为自治区级优秀电子商务进农村综合示范县。目前，县、乡、村级电商公共服务机构 89 个点及县级物流仓储中心服务范围覆盖全区 152 个行政村。2018 年，通过淘宝、微商等各种电商平台，田阳全县芒果线上销售 4.9 万吨，销售额达到 2.1 亿元，同期增长 35.23%。2020 年芒果上市期间，在芒果销售最旺之时，电商日销

售额最高可达 100 万元，日发货量最高可达 2 万件。2020 年全区芒果总产量达到 40.6 万吨，产值 18.5136 亿元，电商发件量达到 400 多万件，芒果销量达到 7 万余吨，电商销售额达到 3 亿元。

三、聚力"三个落实"，攻坚克难，开辟特色产业扶贫路

1. 落实政策，打好政策"组合拳"，增强产业发展引导力，解决农户信心不足动力不足问题。脱贫攻坚过程中，田阳紧紧抓住中央和自治区密集出台一系列强农惠农和扶贫开发优惠政策的历史性机遇，充分落实中央和自治区各项优惠政策，出台了《田阳区小额信贷带资入股产业合作经营主体实施办法》《田阳区"万元扶贫产业增收计划"试点实施方案》《田阳县 2016 年政策性农业保险工作实施方案》《田阳区扶持农业龙头企业和农民专业合作社实施方案》《田阳区扶持贫困户发展家庭经济产业实施办法》《田阳区特色水果种植补助办法》《田阳区 2019 年政策性农业保险工作实施方案》等 10 多项扶持产业

发展政策，打出一连串政策"组合拳"，扶持各方力量参与产业开发，释放政策红利，不断增强政策引导力，促进产业融合发展。

2. 落实资金，用好"金融助推器"，增强产业发展推动力，解决贫困户发展产业资金不足问题。田阳区政府部门引导和帮助贫困户向农商行贷款，每户可贷款 5 万元，政府负责贴息，并筛选和确定信誉度高、业绩良好的企业、农民合作社等经营主体与贫困户建立合作经营关系；贫困户以带资入股方式入股这些经营主体，在贷款期限内每年享受贷款本金 10% 的固定分红（连续享受 3 年）。脱贫攻坚过程中，田阳全区累计发放小额扶贫贷款 7780 户、35427 万元，筛选并确定了 26 家企业作为与农户合作经营主体，其中入股企业的农户 4697 户、资金 23833 万元。

3. 落实培训，实施产业技能培训全覆盖，破除果蔬产业发展瓶颈。田阳邀请自治区、市级农业院校、科研部门及本土专家为种植户授课，每年培训人数在 3 万人以上，利用广播电视、板报、文艺晚会、

微信、QQ 等方式普及芒果、番茄种植技术，不断提高广大果农的科技意识和种植管理水平。对全区建档立卡户全覆盖免费开展农业产业技能培训，确保全区建档立卡户一年至少接受 1 次以上培训，掌握 1—2 项实用技术。2016 年以来，共开展芒果和番茄管护技术、有机肥使用技术、病虫害防治技术等各项产业技术培训 164 期，18696 人次。

通过采取一系列有力措施，截至 2018 年底，田阳芒果种植面积达到 39.7 万亩，年产值 13 亿元，农民芒果产业人均收入由 2007 年的 379 元增加到 3141 元；芒果产业为全区农民工提供了 6 万多个就业岗位，贫困户参与芒果产业务工 5000 多人。茄果类蔬菜种植面积达到 24 万亩，产值 16 亿元，农民人均种植茄果类蔬菜收入 5500 元以上；番茄产业在种植、清洗、分级、包装、预冷、储运、营销等环节中吸纳大量农民季节性务工就业，年内为全区农民工提供了 11.8 万人次用工量，其中贫困群众 3.2 万人次。

第二节　工业崛起助脱贫　进城圆梦置新业

田阳实施易地扶贫搬迁工程，一方面，为全区工业发展提供充足

在田阳城区周边建设新山铝产业示范园

的劳动力，解决了企业"用工荒"的问题，另一方面，政府为了解决搬迁人口的就业和增收问题，大力扶持发展劳动密集型企业、商贸旅游业等产业，有力促进了田阳全区工业经济快速发展。

1. 全面推进铝产业"二次创业"。田阳大力发展铝深加工业，重点推进百兴金兰新材料有限公司年产 31 万吨铝精深加工、百色市龙浩新材料有限公司万吨铝焊接、百色彩虹铝业年产 10 万吨大截面铝合金型材料等项目建设，将为搬迁户提供超过 1000 个新增就业岗位。

2. 扎实推进重点工业项目。全力推进广盈铝业有限公司年产 5 万吨铝铸造及铝材加工项目、百矿铝业二分厂环保提升节能降耗改造项目、龙浩新材料制造有限公司万吨铝产业产研中心项目、百金铝业有限公司铝精深加工项目等续建铝工业项目。加快推进百色市中百科技发展有限公司中兴百色科技产业园项目、广西桂豪铝业有限公司桂豪铝业高精度工业及建筑铝型材生产项目等计划开工项目。重点抓好这些重大项目的同时，统筹推进其他项目建设。

3. 着力打造产业集群。清理规范区域工业园区，加快产业园区提

华银铝业
生产车间

苏源煤电铝一
体化项目一角

档升级。强化规划引导，鼓励园区开展产业链合作，实行"大园带小园""园区＋基地"等模式，做好产业链垂直整合，着力打造一至两个产业集群化发展。

4.不断优化发展环境。加大园区基础设施建设，完善新山园区、深百（南田）众创产业园等产业园区电力、供水、污水处理等配套设施，吸引更多企业入驻。推进"放管服"改革，进一步优化营商环境，帮助有效解决企业发展问题。

吉利百矿电厂一角

华润水泥（田阳）有限公司远眺

5.积极培育新经济增长点。着力推进果蔬、粮油加工等产业发展，大力发展现代特色农业，延伸农业产业链。引导水泥、采石、木材加工等传统行业进行整合，推进产品结构和产业结构升级。

第三节 "七个小镇"显成效 城镇建设大提升

就业是推动贫困户脱贫致富的根本措施。脱贫攻坚过程中，田阳依托便捷的交通区位、丰富的旅游资源、兴旺的现代农业、新兴的工业产业等各种优势，着力打造"七个小镇"，拓宽就业空间，创造就业机会，提供就业岗位，为贫困户脱贫摘帽创造了良好机会。

一是以"五彩田阳"、万亩养生基地等重大项目为抓手，打造现代农业展示旅游观光小城，推动芒果、番茄等特色种植规模化、精细化发展。培育或引进农林产品深加工企业，加快农林产业工业化步伐，引导贫困群众到果园务工或企业就业。

二是加快推进新山铝产业园、红岭坡工业区、农民工创业园区"一园两区"建设，大力发展劳动密集型产业，鼓励壮乡河谷集团、佳嘉食品等轻工企业扩大生产规模，打造新兴工业小城，优先吸纳贫困群众到小城内的企业就业。

三是以 20 万亩农林生态脱贫产业核心示范区为载体，规划建设集现代农业生产示范、生态农林旅游观光、农林科普教育推广、农副产品展示展销及精深加工、生态休闲度假为一体的三次产业融合发展核心示范区，打造生态农林立体开发、旅游观光小城，引导贫困群众到小城的农林产业基地务工。

四是主动融入"百色—巴马"长寿养生国际旅游区，开发鲤鱼岛、东慕岛、东江半岛、惠洞水库及周边水乡旅游等，全力创建敢壮山布洛陀文化遗址旅游景区和田州古城两个国家 AAAA 级景区，打造水乡特色旅游小城，以旅游带动服务业发展，拓宽就业空间，吸纳贫困群众到小城内景区创业就业。

五是以东江半岛为核心，吸引教育投资，统筹发展幼儿园、小学、初中、高中等各阶段教育，打造新兴教育小镇。

六是积极融入"右江—田阳—田东—平果一体化"发展战略，推进解放路提级改造、引水入城和四桥五馆一公园（东慕岛大桥、东江一桥、东江二桥、百东大桥和综合博物馆、壮民族博物馆、芒果博览馆、档案馆、文化馆及体育公园）等重点项目建设，打造壮乡民族特色系列古典小城。

七是按照"城乡一体化"思路，优先打造头塘、百育、田州三个特色小镇，分批分期建设玉凤、那坡、那满、五村、坡洪、洞靖、巴别等各具特色民俗小城镇。

田阳城区远眺

百色大道建成投入使用

每天有数十趟动车经过田阳

百色机场开通多个国内航线

含 1000 吨级船闸的那吉航运枢纽工程

国家 AAAA 级景区、桂西旅游"夜归地"——田州古城夜景

田州古城游人如织

民俗体育活动精彩纷呈

壮族群众到敢壮山祭拜壮族始祖布洛陀

第四节 "七个一批"摘穷帽　脱贫致富基础牢

在脱贫攻坚过程中，田阳全力实施"七个一批"精准扶贫精准脱贫措施，确保了贫困人口真受益，增收致富可持续。

一、产业发展精准增收解决一批

田阳根据所辖 10 个乡镇的不同资源禀赋，综合考虑产业基础、市场前景、群众意愿等因素，加快发展芒果、柑橘、茄果类蔬菜、养猪、养鸡 5 大主导产业和油茶、糖料蔗 2 个备选产业，形成了"南＋北＋河谷"的全区扶贫产业布局，有效促进了贫困群众产业增收，实现发展生产脱贫一批。加快 20 万亩农林生态脱贫产业核心示范区建设，让更多贫困户以带资入股和"飞地"方式参与开发，使贫困户有了稳定收入；实施"互联网＋精准扶贫"工程，让贫困户在家门口实现交易增收；实施"万元扶贫产业增收计划"，按每户 1 万元标准，

火龙果特色
产业种植基地

香蕉特色产业种植基地

通过"飞地"或就近捆绑入股参与企业经营方式，拓宽贫困户增收渠道；扶持南部山区特色水果产业发展，增加山区群众收入。

1. 大力发展农业种植。采取"贫困农户主动、村民合作互动、帮扶干部带动、村组干部促动、扶持政策推动、企业大户联动"特色种植产业覆盖"六动"工作法，组织建档立卡户抢抓季节能种尽种，破

脐橙、葡萄等特色产业种植基地

解无土地资源、无劳动力及长期外出务工家庭无法经营可持续稳定产业的现实瓶颈难题。

2.大力发展特色养殖。加大养殖产业扶持力度，实行"自养自销，贷鸡还鸡，村、企、户联动养殖集中区，股权资产性联营"四种养殖扶持模式，扶持建档立卡贫困户发展养殖产业，激发贫困户发展内生动力，切实增加养殖产业收入。

3.实施光伏产业。在五村镇桥马村率先实施光伏产业扶贫，贫困户通过入股方式领取光伏项目分红。

4.发展电商扶贫。成立区、镇电子商务公共服务中心，实现电商进村，助农增收。

山羊养殖基地

鼓励群众发展林下养鸡产业，肉猪、肉牛养殖产业

田阳县电子商务公共服务中心

　　5.发展乡村旅游。田阳旅游资源丰富，有国家 AAAA 级景区 2 个，国家 AAA 级景区 1 个，全国农业旅游示范点 2 个，广西农业旅游示范点 1 个，星级乡村旅游区 1 个。近年来，田阳注重发展旅游产

电商进村，助农增收

发展乡村旅游

发展乡村旅游

脱贫攻坚过程中，贫困村合作发展村集体经济

脱贫攻坚过程中，田阳县贫困村合作发展特色养殖产业

业有效促进了区域经济收入。

6. 大力发展村集体经济。深化拓展"三资配置·二元激活"发展思路，推进智能标准化育苗、光伏产业、与企业合作经营、投资20万亩农林生态脱贫产业核心示范区项目和贫困村抱团投资教育产业、抱团投资养殖业、抱团投资农资市场、抱团投资果蔬塑料包装筐产业等"四个抱团"发展模式，发展壮大了贫困村集体经济。

二、转移就业精准增收解决一批

脱贫攻坚过程中，田阳将劳务经济作为建档立卡贫困户家庭增收的重要一极，通过组织开展就业招聘会，打造就业扶贫车间新模式，开展产业、就业技能培训，开发乡村公益性岗位，实现了易地扶贫搬迁劳动力转移就业，帮助贫困户稳固增收。推行劳动力转移"点菜式培训""点将式务工"推荐就业新模式。通过开展"春风行动"、东西部劳务协作专场招聘会等就业专项活动，向贫困群众提供就业岗位 45650 个，建档立卡户达成就业意向 6890 人；田阳全区认定就业扶贫车间 37 家，吸纳建档立卡劳动力就业 773 人；围绕区内外用工市场需求和田阳产业发展需求，结合工作实际和劳

举办招聘会

现场签署就
业协议

动者意愿，开展稳就业职业技能培训。田阳共开展职业技能培训248 期 357 个班，组织参加培训人数 20764 人，包括建档立卡劳动力 9140 人；全区累计开发各类公益岗位 5228 个，累计安置贫困劳动力 5228 人；"老乡家园"就业服务工作站和 152 个村级综合服务中心投入运行，累计发布企业用工信息 5000 多条、招聘岗位 10000多个。

种植培训

电焊培训

"点将式务工"
推荐就业新模式

三、易地扶贫移民搬迁精准帮扶解决一批

田阳以改善居住条件为目标，以农村危房改造和安居工程、易地扶贫搬迁项目为依托，采取城区集中安置、产业聚集区安置、乡镇集中安置三种方式，以城区的"老乡家园"为主要载体，实施扶贫搬迁

工程，配套建设深百（南田）众创产业园和水电路、学校、医院、市场等服务设施，解决搬迁群众后顾之忧。在易地扶贫搬迁工作中，创新推行"山上基地，产业富民；山下园区，就业安民；农事城办，服务便民"的工作模式，着力破解搬迁群众增收难、就业难、办事难"三难"问题，真正让他们搬得出、稳得住、能致富。

全区"十三五"时期易地扶贫搬迁的 6068 户、25145 人，已全部完成搬迁入住。

1. 实施危房改造。

2. 创建易地搬迁安置点。

"老乡家园"一、二期

"老乡家园"三期

移民搬迁安置点内配套的幼儿园、医院、超市等便民设施

3.山上基地，产业富民。

田阳区 20 万亩
现代农林生态脱贫
产业核心示范区

田阳城区周边的番茄基地

田阳县农民工创业
园，对接深百扶贫协作

4. 山下园区，就业安民。

制衣生产车间一角

"老乡家园"就业扶贫车间

电子厂生产车间一角

5.农事城办，服务便民。

"老乡家园"农事城办服务中心

搬迁群众在农事城办服务点办理相关业务

医院组织开展义诊活动

农事城办服务中心工作人员指导群众填写购房协议

四、生态补偿帮扶解决一批

田阳实施石漠化综合治理、新一轮退耕还林等一批生态工程，引导贫困户发展特色经济林产业，推广林果、林禽、林畜等复合经营模

发展苏木种植

大力发展竹子种植

实施油茶高接换种

引进企业开发茶油深加工产品

式，积极发展生态产业，探索出了生态建设与脱贫致富相结合的新路子，多渠道增加了贫困户的收入。

五、教育扶智帮扶解决一批

田阳以减轻负担、提升素质、培养人才为目的，对建档立卡贫困户家庭的子女就学进行扶助。完善定户定人的教育精准帮扶体系，对建档立卡贫困户子女从入学到毕业就业进行全程资助和扶持。以建档立卡贫困户为重点，每年完成 2000 名以上贫困劳动力的职业技能培训，并推荐就地就业或外出务工就业，实现"培训一人，就业一人，脱贫一户"的目标。2020 年，田阳全区累计发放各类教育资助资金 5374.74 万元，受助学生 109187 人次，建档立卡贫困学生 100% 享受教育资助，全区九年义务教育巩固率达到98.95%。

1.完善教育布局。

美丽的田阳高中校园

2015年设立的田阳县第五小学

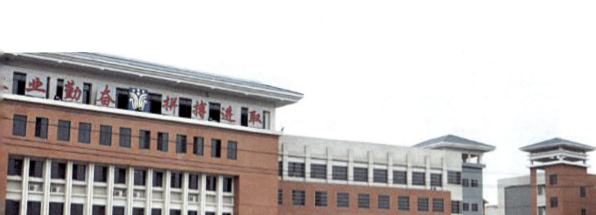

田阳县实验中学

田阳区头塘幼儿园一角

2. 落实教育补贴。

发放寄宿生生活补贴

学生在吃营养餐

开展爱心结对帮扶

3.开展社会捐助。

企业爱心助学

资助贫困学生

资助贫困大学生

4. 实施雨露计划。

建立服务点为学生服务

开展雨露计划扶贫培训

5. 开展"两后生"培训。

组织"两后生"参加培训

六、医疗救助帮扶解决一批

在脱贫攻坚过程中，田阳全面落实健康扶贫工程"五个一行动"，即：建立一份健康档案、提供一份健康教育处方、落实一名家庭签约医生、建立一项医疗保障制度衔接、购买一份健康扶贫保险。采取先诊疗后付费、设立"贫困户患者绿色诊室"，实行新农合政策向贫困户倾斜，推行了先诊疗后付费、"一站式"服务和医疗保障差异化补助等惠民便民医疗服务政策，解决了贫困户患者"看病难、看病贵"的问题。

2018 年，已为 2016 年、2017 年脱贫户和 2018 年贫困人口每人购买一份健康扶贫商业补充医疗保险（30 元 / 人）；累计对符合救助的建档立卡对象实施救助 2692 人次，198.46 万元；2020 年，全区农村居民基本医疗保险参保率为 98.59%，建档立卡贫困人口参保率达到 100%，建档立卡户应享受参保费用（个人缴费部分）财政补贴政策享受率达到 100%，贫困户住院费用实际报销比例达到 90%，门诊特殊慢性病治疗费用实际报销比例达到 80%。脱贫攻坚过程中，在辖区 16 所公立医疗机构开设了健康扶贫"一站式"服务窗口，医疗保障局设立区外就医报销"一站式"服务工作站，以退出户、脱贫户、未脱贫户及边缘户为签约服务对象，定期开展贫困人口大病患者和慢性病患者排查，摸清了重点随访服务对象底数，组织区乡村医疗人员集中入户开展随访服务，不断提升签约服务质量，建档立卡贫困人口家庭医生签约服务率达到 100%，全区患有 30 种大病的贫困患者救治率达到 100%。全区建档立卡贫困人口家庭医生签约率达到 100%，田阳还组织区医院、12 个乡镇卫生院医生到 152 个行政村开展巡回式全覆盖签约服务。

1. 田阳医疗卫生条件明显改善。

瑞康医院田阳院区

田阳人民医院

在"老乡家园"设立的卫生院

村村都有卫生室

2.实行家庭医生签约服务。

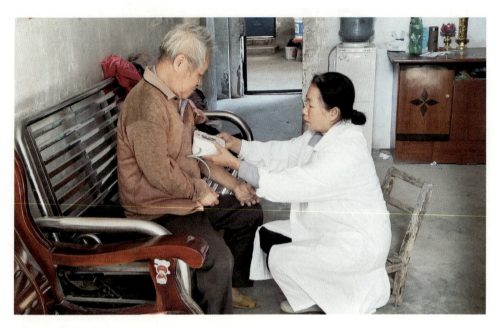

家庭医生上门开展医疗服务

3.实行"一站式"服务，先诊疗后付费。

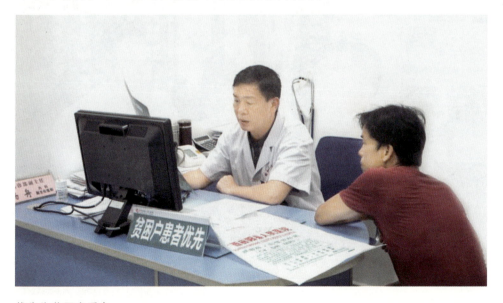

优先为贫困户看病

田阳人社局开设"一站式"服务窗口

田阳医疗报销服务窗口

田阳各乡镇卫生院设立的服务窗口

4. 开展免费义诊活动。

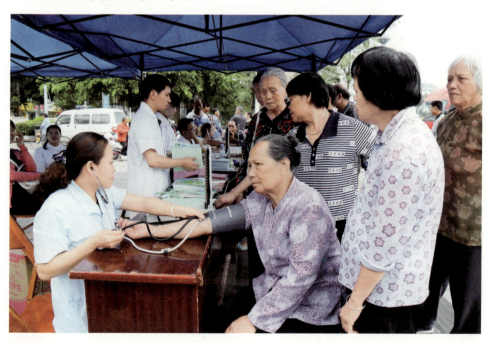

义诊活动现场

开展"送医下乡"活动

七、社会保障兜底精准帮扶一批

在脱贫攻坚过程中，田阳扎实推进扶贫与低保两项制度衔接工作，对贫困户中完全或部分丧失劳动能力的人实施低保兜底，并精准认定低保对象，加大分类施保力度，对符合政策的贫困人口做到了应保尽保。提高了特困供养水平，确保特困供养人员共享发展成果。健全完善了民政救助、医疗救助、城乡居民基本养老保险等制度，落实强农惠农政策，确保了因病、因灾致贫人员脱贫解困。通过社会保障兜底，实现特殊群体同步脱贫。2020 年，全区农村低保保障标准年人均收入 5200 元，高于国家和自治区标准。推进城乡居民基本养老保险工作，田阳全区建档立卡贫困人员城乡居民基本养老保险参保率达到 100%，符合养老保险领取条件的老年人享受养老保险率 100%。田阳还切实落实困难残疾人生活补贴、重度残疾人护理补贴、救助供

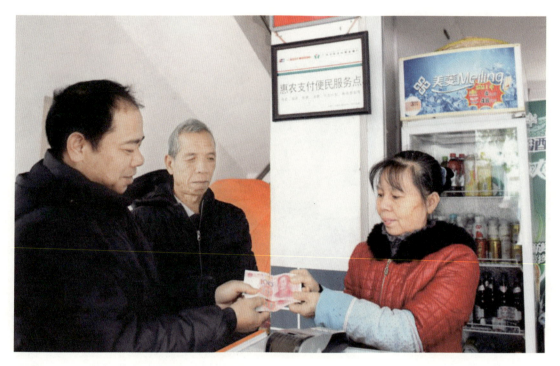

建立服务点为低保户发放低保金

慰问孤寡老人

养等扶持政策，确保符合条件的残疾人均能及时享受相应的补助政策。截至 2020 年 12 月底，田阳全区在册享受残疾人两项补贴对象 11773 人。

由于脱贫攻坚工作的推动，田阳经济发展进入快车道，各项经济指标快速增长。2020 年，田阳地区生产总值 154.12 亿元，同比增长 7.2%；工业总产值 222.3 亿元，同比增长 9.2%；财政收入 8.26 亿元；社会消费品零售总额 22.84 亿元；农村居民人均可支配收入 15710 元，同比增长 8.6%；城镇居民人均可支配收入 35106 元，同比增长 3.1%。

2018 年，田阳全国脱贫攻坚奋进奖获得者莫文珍在全国脱贫攻坚先进典型事迹巡回报告会上作报告

第 4 章

决胜脱贫攻坚
推动乡村振兴

乡村振兴战略是党的十九大提出的一项重大战略，是关系全面建设社会主义现代化国家的全局性、历史性任务。打赢脱贫攻坚战是实施乡村振兴战略的优先任务。乡村振兴从来都不是另起炉灶，而是在脱贫攻坚的基础上推进。脱贫攻坚和乡村振兴具有基本目标的统一性和战略举措的互补性。脱贫攻坚解决了贫困群体的温饱问题，但脱贫后的持续发展，需要外部机会和内生动力的双重支撑；乡村振兴通过外部支持和激活内生动力，进一步有效巩固脱贫攻坚的政策成果。近年来，田阳区积极做好脱贫攻坚与乡村振兴衔接工作，取得了优异成绩。

田阳区决胜脱贫攻坚、推动乡村振兴的示范点五村镇巴某村

第一节　围绕"八个深入"　衔接乡村振兴

田阳认真贯彻落实党中央、广西壮族自治区党委、百色市委实施乡村振兴战略的决策部署，把乡村振兴战略作为新时代"三农"工作总抓手，抢抓机遇，主动作为，统筹推进，重点突破。

一、深入学习领会，积极探索乡村振兴新路径

近年来，田阳认真学习和贯彻落实党和国家关于乡村振兴工作的指示精神以及广西壮族自治区、百色市关于乡村振兴的会议精神，结合田阳产业发展、生态建设、农村文化、基层组织建设等重点工作，编制印发了《田阳区推进乡村振兴战略实施工作方案》（阳发〔2018〕8 号）、《田阳区推进乡村振兴战略实施方案（任务分工方案）》（阳办通〔2019〕54 号）等文件，探索形成了田阳"政府统筹、农民主体，城乡结合、优先发展，创新引领、绿色发展，分类指导、循序渐进"的乡村振兴新路径。

二、深入推进脱贫攻坚行动，夯实乡村振兴根基

1. 全力实现高质量脱贫摘帽目标。田阳认真按照"核心是精准，关键在落实，确保可持续"的要求，紧扣国家"两不愁三保障""三率一度"标准和广西壮族自治区贫困县脱贫摘帽"九有一低于"的退出标准，推行"全链条式"精准脱贫模式，对标对表，巩固成果，补齐短板，高质量完成了全区脱贫摘帽任务。

2. 全力打好易地扶贫搬迁"硬仗"。田阳坚持把易地扶贫搬迁、城市扩容提质和一二三产业融合发展有机结合起来，全区"十三五"

时期易地扶贫搬迁 6068 户、25145 人（含同步搬迁 5 户 21 人），已全部完成搬迁入住。为做好搬迁后续扶持工作，按照"组织重塑、产权配置、带资入股、返包经营、劳务增收、培训增智、融合发展"的思路，在"老乡家园"安置区附近建设 20 万亩农林生态脱贫产业核心示范区和农林产品精深加工产业园，形成了"山上基地，产业富民；山下园区，就业安民；农事城办，服务便民"的发展格局。在脱贫攻坚过程中，田阳将 20 万亩农林生态脱贫产业核心示范区内 8000 多亩芒果种植基地，按每亩 1 股的标准，以股权量化形式把基地经营权配置给 6063 户易地搬迁贫困户和 152 个村集体合作经营 10 年，实现了贫困户增收和村集体经济增收的双重目标。通过建设农林产品精深加工产业园，引进大中型企业进驻产业园，扩大搬迁群众的就业渠道，促进搬迁群众就业增收，实现移民搬迁脱贫一批的目标。同步完善超市、医院、学校、农贸市场、文体场所等移民搬迁社区服务设施，确保移民群众"搬得出、稳得住、能致富"。

脱贫攻坚过程中，贫困户和村集体合作经营的芒果种植基地

3. 全力打好产业扶贫"硬仗"。一是坚持长短结合、种养结合，三产联动，大力推行"5+2"扶贫特色产业，推动产业向纵深发展。推行特色产业差异化"以奖代补"措施，发放产业奖补 3614.8 万元，帮助 11959 户贫困户提高了产业发展的持续性和有效性，引导和鼓励贫困户增强"造血功能"，有效解决了产业发展内生动力不足的问题，提高了贫困群众产业收入。目前，田阳"5+2"特色产业覆盖率为 96.9%。二是建立贫困户与产业发展利益联结机制。以提高产业综合效益和竞争力为目标，推广"新型经营主体＋基地＋农户"发展模式，每个村培育 1 个以上带动农户增收的新型农业经营主体和 3 个以上的创业致富带头人。引进广西扬翔公司、华润五丰公司、良农牧业公司等一批龙头企业，发展芒果、茄果类、柑橘类、肉猪、肉鸡、肉羊等特色种养业，接纳 4912 户贫困户以带资入股方式参与产业开发和经营，并采取复利分红方式，让贫困户领"稳定工资"。三是大办产业基地，引领贫困户发展扶贫产业。依托田阳特色农业产业优势，以推进 20 万亩农林生态脱贫产业核心示范区、华润五丰（田阳）生态养殖供港基地等一批特色种养基地建设为辐射带动，每个村建成现代农业生产示范区基地 1 个以上。逐步形成河谷乡镇现代果蔬产业、南部石山区特色水果与生态养殖循环产业、北部土山区现代农林与林下种养产业三大产业经济带。

4. 全力打好村集体经济发展"硬仗"。田阳创新提出"三资配置·二元激活"的发展思路（资金、资产、资源整合配置，激活经营人才队伍、激活经营机制体制），以村民合作社为载体，以联村抱团为发展方式，全区原来 52 个未脱贫的贫困村、2 个非贫困村成立 5 家实体公司，通过投资教育产业、养殖产业、农资市场、果蔬塑料包装筐等"四个抱团"发展模式以及积极推进各村入股企业合作项目、光伏产业项目、智能标准化育苗项目等途径发展贫困村集体经济。

田阳区华润五丰（田阳）生态养殖供港基地

5. 全力打好基础设施建设"硬仗"。

一是实施农村道路工程建设，结合乡村振兴战略实施有条件的窄路基路面加宽改造和危桥改造工程。逐步实施屯内道路硬化改造，确保基本解决屯内道路泥泞、群众出行不便的问题，进一步提升群众满意度。2016 年以来，田阳全区累计投入道路、饮水安全等农村基础设施建设费用 6.02 亿元。

屯内道路硬化前

屯内道路硬化后

四通八达的乡村公路

道路硬化到田间

　　二是实施2020年面上村屯饮水巩固提升工程，新建水池32座、3600立方米，维修水池2座、600立方米，安装管路203.83千米，加压水泵9套。分步实施完成了贫困村、深度村小型农田水利工程和产业水柜建设，促进农业增效、农民增收。

农田水利工程建设

三是继续完善公共服务设施建设，进一步提升村级活动中心以及乡镇标准化卫生院和区级二甲医院软硬件设施。田阳全区 152 个行政村当中的 139 所政府办村卫生室的业务用房面积、基本诊疗设备配备已达标准化村卫生室标准，并均至少有一名乡村医生执业，剩余 13 个行政村为乡镇卫生院所在地（不需建设政府办卫生室）。

四是实施贫困村农网改造升级工程建设，引导基础电信企业加大投资力度，逐步实现贫困村网络全覆盖。

五是完善农村改厕、改厨、改圈"三改"工程；推进道路通行、饮水安全、村屯特色、住房安全和能源利用水平提升工程，完成 6 个乡镇污水处理厂建设并通过环保竣工验收。

六是因地制宜实施农村生活垃圾处理，累计清运处理乡村生活垃圾 1.38 万吨，逐步推进农村生活垃圾治理行动。

农村基础设施建设

6. 充分利用"南田扶贫协作"机遇。紧紧抓住深圳南山区与田阳扶贫协作的重大机遇，以"组织领导、人才交流、资金使用、产业合作、劳务协作、携手奔小康"为工作核心，并结合田阳实际开拓扶贫协作新渠道，以党建结对、社会慈善公益为切入点，提升了扶贫协作覆盖面和群众受益面。深化推进深百（南田）众创园建设，出台了扶贫协作招商优惠政策，成功引进佛山联合正展公司等 5 家东部企业到田阳投资设厂，投资额累计 2551.72 万元。2018 年，田阳引进深圳市招商国旅集团到田阳开展旅游开发协作，投资 300 万元注册"百色红旅文化教育培训基地有限公司"，以市场化方式探索旅游业开发合作渠道，助推田阳旅游业发展。

三、深入推动乡村产业振兴，加快实现农业现代化

1. 推动特色农业产业提档升级。严格落实粮食安全责任制，深入实施国家"优质粮食工程"，全力建设粮食生产功能区，依托先进技术提高单产水平，完成粮食播种面积 32.61 万亩，产量 11.31 万吨。着力创建广西壮族自治区田阳区百色番茄中国特色农产品优势区，推进特色蔬菜、水果、茶油、畜禽等特色产业建设。

2. 推进农业绿色生产方式。突出绿色生产，推广秸秆还田、绿肥种植等培肥地力技术应用，完成秸秆还田推广面积 40.52 万亩，种植绿肥 2.8 万亩；落实化肥农药使用量零增长行动，推进化肥减量增效，推广有机肥替代部分化肥，应用绿色防控技术面积 133.3 万亩次，主要农作物绿色防控覆盖率达到 38.3%，农药使用量 65.9 吨（折百）；支持规模化养殖企业利用畜禽粪便生产有机肥，建设化肥减量增效示范片 1 个；推广应用生态养殖技术，田阳全区规模养殖场生态养殖认证率达到 100%。

3. 加大优势农产品供给力度。实施产业兴村强区行动，大力推进"三品一标"（无公害农产品、绿色食品、有机农产品和农产品

地理标志）认证，发展绿色有机高品质农产品。巩固提升国家农产品质量安全区创建成效，进一步加强安全区相关体系建设，示范带动全区特色主导产业高质量发展。巩固发展百色芒果、百色番茄等优势农产品品牌竞争力，指导广西田阳悦合农业技术服务有限公司、田阳区润威商贸有限公司两家企业申请绿色食品（芒果、沃柑、蜜柚）认证，建设 2000 亩富硒芒果基地，突出打好"绿色牌""富硒牌"。

4.加快农产品加工业发展。加快农产品初加工产业发展，提升农产品精深加工水平。依托田阳和临区丰富的农产品资源优势，充分发挥国家农业科技园的辐射带动作用，编制《田阳区农产品加工集聚区三年行动计划》，通过技术研发和创新，着力推进水果加工、蔬菜加工、粮油加工三大产业发展，提高农产品附加值和综合利用水平。全力扶持壮乡河谷、嘉佳商贸、果香园、福民、南华糖

甜而不腻、包装精美的田阳芒果干

业、古鼎香等企业加快发展，积极应用农产品加工的新设备、新技术、新工艺，加强科技创新和品牌建设。

5.开展现代特色农业示范区行动。田阳深入实施示范区建设增点扩面提质升级行动，努力将田阳芒果脱贫产业核心示范区（20 万亩一期工程）打造成为广西现代农业核心示范区，着力打造 54 个村级示范点。

6.夯实农业发展基础。全面落实永久基本农田特殊保护制度，加强农业基础设施建设，推进农村土地整治和高标准农田建设。加强农

田水利建设，实施农村饮水安全、水土保持、农田水利建设等项目，大力发展高效节水灌溉，完善农田排灌体系，加强小型农田水利建设，不断改善乡村生产生活生态条件。加强农业用地宜机化改造，推进农业机械化示范基地建设，推动实现主要农作物生产全程机械化，促进一二三产业融合发展。

四、深入推进生态提升行动，建设美丽宜居乡村

坚持"山水林田湖草沙生命共同体"理念，投入左右江革命老区山水林田湖草沙生态修复治理资金9555万元、农村环境综合整治资金830万元、乡村振兴农村污水治理资金800万元，综合推进水生态环境修复、农村环境综合整治、生态农业示范建设，完成3个乡镇5个村18套农村环境连片整治项目建设任务，项目片区受益人口1.5万人。辖区内右江断面稳定达标交接，饮用水源水质达标率为

安全饮水项目（田阳区那满镇新立村饮水工程）

修建饮水工程

100%。镇生活垃圾无害化处理率达到 90%，村庄环境综合整治率达到 90%。共获得市级以上生态村称号 80 个，其中，获得自治区级生态村称号 33 个，市级生态村称号 75 个，田州、那满、那坡、百育、头塘镇获得广西壮族自治区生态环境厅命名的生态乡镇称号。

五、深入推进文化兴盛，培育乡村文明新风

一是以露美村、新立村等为载体，通过组织开展文明素质教育培训等评比活动，建立和完善村规民约，不断提升农民素质和农村文明程度。二是依托山歌文化、舞狮文化、歌圩文化等广西农村传统文化，结合新时代精神文明建设实际，挖掘和培育群众喜爱的新时代乡村文化，不断满足广大人民群众的精神文化需求。三是以增强农村公共服务设施功能为目标，整合现有村级公共服务中心、农村社区服务站、村级组织活动场所等资源，为农村文化活动开展夯实基础。

丰富多彩的农村文化娱乐活动

中央电视台心连心艺术团到田阳慰问演出

六、深入推进乡村治理行动，促进乡村和谐稳定

1.筑牢引领乡村振兴的坚强战斗堡垒。田阳扎实推进抓党建促乡村振兴，持续深化"脱贫攻坚先锋行"活动。脱贫攻坚过程中，以打造一支素质过硬的基层组织先锋队伍为目标，整合基层各方力量，组建由贫困村党组织第一书记、乡镇包村领导、乡村振兴工作队员、村两委干部、村民小组长等党员组成的基层组织先锋队伍，切实增强基层工作力量。

2.推进乡村法治建设。加大农村普法力度，提高农民法治素养，村级治保会、调委会等组织建设得到切实加强，村屯义务联防队等在治安工作中的作用得到充分发挥；结合矛盾纠纷排查精细化解专项活动，深入推进"一村一法律顾问"工作，实行线上线下联运，有效回应法律诉求。

五村镇巴某村法治建设宣传栏

法律顾问入户调解纠纷

七、深入推进惠民富民行动，全力保障和改善民生

1. 促进农村剩余劳动力就业创业增收。加强公共就业服务设施建设，实施精准职业技能培训工程，组织开展多形式、全方位的农村劳动力职业技能培训，进一步把握东西部对口协作的发展契机，大力开展农村青年劳动力对口职业技能培训，提升其技能水平。

2.推动农村基础设施提档升级。加快农村基础设施互联互通，加大财政投入力度，畅通多元投融资渠道，加快农村公路、供水、环保、电网、物流、信息、广播电视等基础设施建设，不断提高建设效率和运营管护水平。全面推进"四好农村路"建设，实施农村饮水安全巩固提升工程，加快新一轮农村电网改造升级，农网供电可靠率提高到98%以上。

3.优先发展农村教育事业。促进城乡基本公共服务一体化。扩大学前教育资源，实现乡镇公办中心幼儿园全覆盖，多元普惠学前教育资源，规范乡村幼儿办学行为。实施学前教育项目、中小学校舍安全保障长效机制资金项目、义务教育薄弱环节改善与能力提升补偿资金项目、乡村振兴发展资金项目、普通高中基础能力建设项目和粤桂扶贫资金项目等，项目总投资15788万元，新建校舍总建筑面积49150平方米，维修校舍2300平方米。项目总数39个，目前已完工项目16个，装修项目2个、建设主体13个、建设基础2个，未开工6个。经过精心组织建设，田阳易地扶贫搬迁安置点"老乡家园"公共教育服务设施基本完备，2020年秋季学期建成田阳区第六幼儿园、田阳区南山实验小学、"老乡家园"第二小学、田阳区第四初级中学，实现招生办学，项目总投资23490万元。

4.健全农村社会保障体系。一是持续推进服务能力提升建设，开展"区乡一体、乡村一体"机制建设，现已建成区域医共体共15个，完成率达到100%。二是推进疾病预防控制工作，不断加强原发性高血压、2型糖尿病等慢性病管理工作，慢性病管理工作达到指标要求。推进传染病防控工作。三是规范免疫规划工作，推进免疫规划工作的持续发展。四是稳步推进家庭医生签约服务工作。田阳全区10个乡镇、12个卫生院，共组建156个家庭医生团队，共有家庭医生199人，实现家庭医生签约服务全覆盖。五是完善城乡居民基本医疗保险制度和大病保险制度。在完成改革试点工作的基础上，构筑城乡居民基本医疗保险、城乡居民大病保险、健康扶贫保险、医疗救助、医疗兜底"五道防线",进一步提升医疗保障水平。逐步推进参保扩面,实现全区农村居民基本医疗保险参保率达到98.59%,高于98%目标值0.59个百分点,原建档立卡贫困人口参保率达到100%。六是为原来的建档立卡贫困人口落实了健康扶贫惠民服务,将集中救治大病病种扩大到25种。

5. 推进健康乡村建设。一是推动优质医疗资源下沉,全面建立分级诊疗制度,选派人员下沉达25人次,田阳全区139所政府办村卫生室均实行"乡村一体化"管理,提升了乡村医疗卫生服务能力水平。二是加强农村医疗卫生队伍建设。田阳公立医院现有卫生技术人员1628人、乡村医生185人。2020年,招聘卫生技术人员147人(在编16人,编外131人),其中区级医疗机构125人,乡镇卫生院22人。培养农村订单定向免费医学生10名(5名本科生、5名专科生)、培养定向乡村医生40名。落实11名农村订单定向免费医学生毕业后的就业安排。三是加强妇科疾病筛查干预和儿童营养改善,促进妇幼健康。四是完善村级卫生服务设施。

城区医院医生进村入屯为农村孩子开展健康体检

八、深入推进改革创新行动，激发乡村振兴活力

1.巩固完善农村基本经营制度。扎实推进第二轮土地承包到期后再延长 30 年工作，落实保持农村土地承包关系稳定并长久不变政策。认真组织确权"回头看"摸底调查工作，督促确权数据汇交公司整改。完善农村承包地"三权分置"制度，逐步建立规范高效的农村土地所有权、承包经营权运行机制。探索农村承包土地经营权可以依法向金融机构融资担保、入股从事农业产业化经营改革试点。积极培育农业新型经营主体，发展家庭农场、合作社、龙头企业、社会化服务组织和农业产业化联合体，发展多种形式适度规模经营。

2.深化农村集体产权制度改革。田阳正式启动农村集体产权制度改革，将田州镇定律村作为试点改革单位先行推进改革。目前，全区基本完成农村集体清产核资工作，共有 2418 个集体经济组织完成清产核资数据上报，完成率为 100%。据统计，田阳全区农村集体资产总额约 67904.67 万元，农业资产 247.06 万元，集体投资约 3911.25 万元；全区农村集体资源性资产总面积约 277.64 万亩。

3.广泛开展新型农业经营主体培育。增强新型农业经营主体带动发展能力，注重提升现有新型经营主体整体实力，引导各类新型农业经营主体完善运行机制，提高现有新型农业经营主体运行、管理水平，加大新型农业经营主体培育力度，同时鼓励新型农业经营主体参与现代特色农业示范区建设。

第二节 精心打造巴某 做好衔接示范

田阳五村镇巴某村地处田阳区南部石山区，曾属全区深度贫困村之一，全村辖 8 个屯 14 个村民小组、425 户，总人口 1648 人，总面

田阳区巴某村加旭屯千亩油菜花

积 14.2 平方公里。近年来，巴某村认真贯彻落实广西壮族自治区党委提出的"打赢脱贫攻坚战，核心在精准、关键在落实、确保可持续"部署要求，坚持"一年打基础，两年见成效"的工作思路，全力以赴推进巴某村脱贫攻坚和高质量脱贫示范村创建工作，取得了胜利。2018 年，巴某村被授予百色"产业兴旺红旗村"和"生态宜居红旗村"荣誉称号。

一、巴某村脱贫攻坚工作情况

巴某村原有建档立卡贫困户 254 户、1012 人，其中 2014 年退出 17 户、80 人，2015 年退出 17 户、69 人，2016 年脱贫 111 户、447 人，2017 年脱贫 41 户、191 人，2018 年脱贫 41 户、158 人，2019 年脱贫 21 户、65 人，2020 年脱贫 6 户、11 人，实现了贫困人口为零的目标，打赢了脱贫攻坚战。通过引导劳务输出、发展种养产业等措施，贫困户达到"两不愁三保障"高质量脱贫。对照原来的广西壮族自治区贫困村"十一有一低于"脱贫出列标准，全村有特色产业、有住房保障、有基本医疗保障、有义务教育保障、有安全饮水、有道路通村屯、有电用、有基本公共服务、有电视看、有村集体经济收入、有好的两委班子，贫困发生率低于3%等12项指标均已达标，具体指标完成情况：有特色产业，发展种植桃李、柑橘，养殖猪、鸡，产业覆盖率达98.2%。有住房保障，全村所有农户均已实现有住房保障，另外易地扶贫搬迁103户、456人已完成入住。有基本医疗保障，全村参加当年城乡居民基本医疗保险1619人，建档立卡参合率达100%，全村参合率达98.9%。有义务教育保障，适龄未成年人均接受义务教育，没有因贫辍学适龄未成年人。有安全饮水，所有农户通过水柜、水窖、山泉水等途径解决了安全饮水问题。有路通村屯，8个自然屯均通水泥硬化路。有电用，425户均有生活用电。有基本公共服务，村委会建有办公场所、宣传栏、卫生室、篮球场、文化室（农家书屋）、戏台等办公及配套设施，通有线网络和无线网络。有电视看，全村有电视看或有电脑上网或智能手机上网425户。有村集体经济收入，成立巴某村村民合作社，通过入股、合营及联营等方式增加村集体经济收入，2020年全村农民人均纯收入8930元。有好的两委班子，村两委班子较好履行职责，坚决履行工作制度，是脱贫致富"领头羊"。"两不愁三保障"，425户均达标。

二、巴某村创建高质量脱贫示范村工作做法及成效

1.发展壮大三大特色产业，助推农户持续增收。立足巴某村坡地多、丘陵多的村情实际，采取"企业+基地+村集体+贫困户"的模式，引进田阳茂林林业开发有限公司、华润五丰有限公司、田阳恒茂集团旅游公司等合作发展种植、养殖、旅游等产业，持续做强、做优、做大；合作发展种植产业、养殖产业、乡村旅游三大特色产业，实现集

体经济壮大、群众增收、产业提级的多重目标，改变仅靠外出务工增加收入的状况。

一是大力发展种植产业。加大500亩桃李基地管护，由田阳茂林林业开发有限公司接管运营，聘请广西特色作物研究所专家长期指导，并按季节套种油茶及黄瓜、香瓜、香芋、南瓜等经济作物；引进深圳高尚农林科技有限公司实施200亩铁皮石斛基地建设，目前完成第一期10个大棚搭建，种植优良品种22万株且长势良好。实施150亩高效现代农业示范园建设，打造科技示范种植基地，完成反季节番茄、无花果、日本甜柿、葡萄以及野菜种植。完成1500亩油茶示范基地建设，扩大产业辐射带动覆盖面。

二是适度发展养殖产业。调整巴某村适度养殖区肉鸡养殖运营模式，由华润五丰接管并运营。实施年出栏300头育肥牛养殖项目，分两个区域养殖，加旭养殖区已投入养殖，驮富屯养殖区正在积极采购种牛。华润五丰（田阳）供港基地一期105万羽肉鸡养殖集中区21栋养殖棚已整体移交华润五丰经营；二期60万羽蛋鸡养殖集中区完成设施建设并投入养殖；20万头商品猪及1万头优良母猪养殖集中区正推进养殖棚基础建设。

三是积极发展乡村旅游产业。重新引入田阳恒茂集团旅游公司运营乡村旅游项目，加大经营业态培育力度，深入打造18摄氏度巴某凉泉度假村。39间民宿以及农家乐正常运营，在已完成游客中心、民宿、农家乐、花溪水系、跨湖桥、沿湖景观、村史馆、登山栈道及山顶观景台等配套设施的基础上，加快实施入村景观小广场、康养游泳场等精品项目，全面做好创建自治区级生态旅游示范区各项工作。

2.大力实施三大提升工程，建设打造生态宜居巴某。通过实施风貌改造、环境治理、配套设施建设三大提升工程，打造山青、水净、村美的宜居乡村，为实现巴某村乡村振兴打好坚实基础。

一是实施风貌改造提升工程。按照广西壮族自治区住房和城乡

巴某村风光

建设厅乡村风貌提升三年行动计划的工作要求，实施村部所在地加旭屯住房外立面改造，完成 86 栋住房外立面主体改造工程。拆除影响村容村貌及通道的各类杂物房、附房 86 处，拆除面积约 2000 平方米，开展屯内房前屋后空地景观打造，种植绿化树种，修建微菜园及景观小品，安装太阳能路灯，打造美化、绿化、花化、亮化等带有乡村气息的新农村示范点。完成村委办公楼维修加固、村史馆修复、戏台建设，屯内小绿地、景墙、休闲小广场等景观节点打造，以及进村化蝶小道景观树种植，有序推进沿山沿路林相改造。

二是实施环境治理提升工程。按照"绿水青山就是金山银山"的理念，大力开展村屯环境整治，在加旭屯、巴陋屯实施农村污水处理工程，在加旭屯开展屯内水湖清淤，修复湖坝和驳岸，修建沿湖步道及栈桥，种植水生植物净化水体，建设跨湖园林桥，打造环湖景观。完成加旭屯污水处理工程、5座水湖清淤、驳岸修复和沿湖步道、护栏等景观打造；推进水湖水生植物种植、水湖水坝景观化建设。

三是实施配套设施提升工程。修建加旭屯环屯东路、环屯西路，完善屯内路网条件。完成坡洪至惠洞水库道路安防、安怀屯至供港基地四级路及支线水泥路、巴某村桃李园机耕路水泥路等项目建设。开工建设天阳至巴某三级沥青路，加快雷圩村旧圩屯路口至加旭屯道路提级改造，完成坡洪至惠洞水库旅游通道提级改造测量。全面完成巴某村及周边村屯人饮工程项目建设，生态扶贫农田水利、高效节水灌溉项目持续推进。

3. 探索推行三大工作机制，激发贫困户内生动力。

一是建立村民自治管理工作机制。成立巴某村加旭屯村民理事会，制定理事会章程，组织群众推选有能力、善组织的代表组成理事会成员。目前，理事会共有5位成员，组织群众自行开展拆除附房、村庄卫生整治、纠纷调解等事项110余项。

二是建立村庄长效管理工作机制。组织制定巴某村加旭屯村规民约，通过村民大会讨论通过，具体明确村庄自主管理模式，特别明确一户一宅、建房周期、房屋层数和建新拆旧的相关规定，群众建房须通过村民理事会同意后逐级上报审批。同时，审批权限下放到五村镇政府，并授权五村镇"四所合一"（整合乡镇国土资源管理、村镇规划建设、环保卫生、安全生产监管等职责，设立国土规建环保安监站）部门办理不动产证，推动宅基地规范使用及管理。

三是建立激发乡风文明工作机制。结合"美丽田阳"乡村建设工作，建立巴某村爱心公益超市，制定超市运营、管理和监督等相关制度，将积分管理与村规民约紧密联系，对应积分，引导群众有效激发乡村文明的内生动力。

第三节 激活沉睡资产 助推乡村振兴

田阳脱贫攻坚与乡村振兴衔接成功做法实例比较多，最突出的经验做法是"激活沉睡资产助推乡村振兴"。

田阳是广西 8 个列入全国首批农村承包土地经营权和农民住房财产权（以下简称"两权"）抵押贷款的试点之一，也是广西唯一的"两权"抵押贷款双试点区。近年来，田阳坚持先行先试、因地制宜，探索出"政府主导推动、产权抵押登记、银行评估承贷、风险政银共担"的"两权"抵押贷款模式，激活农村资源，促进乡村振兴，实现农民增收。

1. 广泛宣传，确保政策家喻户晓。"两权"抵押贷款双试点宣传工作在田阳区区长担任组长的试点工作领导小组领导下，面向全区10 个乡镇全面铺开。充分利用《右江日报》金融专栏、田阳电视台等媒体进行贷款政策宣传，组织金融机构开展试点政策宣讲，举办农村"两权"抵押贷款试点政策专题宣传月活动，引导金融机构主动对接潜在贷款主体，通过各种渠道、各种形式宣传农村"两权"抵押贷款的政策、产品和办理流程，让试点政策家喻户晓、深入人心。

2. 制定依据，强化制度保障。制定了《田阳区"两权"抵押贷款试点工作方案》《田阳区农村"两权"抵押贷款风险补偿金管理办法的通知》等文件，出台了《田阳区"两权"抵押贷款抵押物处置办法（试行）》，推行抵押物由政府平台公司收并管理和"抵押物 +"贷款模式，通过签订阶段让渡协议，置换抵押，解决农村房产等抵押物处置变现难问题。先后制定下发了《农村房屋抵押贷款管理暂行办法》《"农家乐"农村自建房按揭贷款管理暂行办法》等文件，在贷款产品、期限、利息优惠、抵押物处置等方面提供特色化的信贷产品，给予农民住房财产权抵押贷款制度保障。

3.创新服务,夯实工作基础。成立农村产权交易中心,建立县、镇、村三级统一、规范联动、功能全面的农村产权流转交易平台,提供交易信息发布、产权交易鉴证、政策法规咨询等服务。加强基层金融服务中心站点管理,在全区152个行政村分别成立金融服务中心,组织2116名农村金融辅导员,为农户提供农房抵押贷款工作信息服务。建立信用档案及信息平台,对信用农户在申请农房抵押贷款时,给予政策和制度上的倾斜,创建6个信用乡镇、81个信用村,完成5.24万户农户信用评级工作。实现确权抵押登记,双证齐全,经审核符合登记条件的,5个工作日办结发放《不动产登记证明》;只有农村《集体建设用地使用证》,但权属明确,经界定不属于"两违"的,允许使用《集体建设用地使用证》单证附加办法进行抵押登记。

4.多措并举,助推惠农兴村。一是分类推进。建立镇、村、组、农户四级评审制度,对农民合作社等新型农业经营主体进行走访,摸清情况,筛选客户,将客户的调查、评级、授信、利率定价和操作流程制度化、透明化,让更多新型农业经营主体享受到富农、惠农服务。二是建立风险补偿基金制度。落实"两权"抵押贷款风险补偿基金200万元,用于补偿分担借款人因死亡、丧失劳动能力或自然灾害等不可抗力对"两权"抵押贷款造成的损失。三是推行"两权+"业务。通过将"两权"和其他抵押担保、保险等增信手段有机结合,丰富抵押担保模式,扩大贷款业务量。如田阳区农商行将农村"两权"抵押贷款业务与金融支持精准扶贫有机结合,开发"确权贷",累计支持田阳山友现代农业综合开发有限公司、黄秋琴等龙头企业、种养大户发展,带动约450户建档立卡贫困户就业;农业银行通过"两权+订单现金流"模式,推出"甜蜜贷"业务,共为甘蔗种植大户发放贷款79笔、3286万元,尚有余额465万元;农商行采取"承诺书+产权登记补办"方式推行"安居贷",共发放农村住房抵押贷款2607笔、13802万元,尚有余额463笔、2915万元,

2015 年，广东省帮扶易地扶贫搬迁示范项目——那满镇新立村"广新家园"全景

帮助露美移民新村、新立村"广新家园"生态移民易地安置点项目199户农户改善居住条件。

　　截至 2020 年底，田阳"两权"抵押贷款累计发放额为 19562 万元，较 2019 年同期增长 1245 万元，比同期增长 6.79%，有效盘活了农村资源、资金、资产，增加了农业生产中长期和规模化经营的资金投入达 4093 万元，更好地满足农户生产经营需求，有效推动了乡村振兴战略的实施。

小额信贷助推惠农兴村

第5章

高质量脱贫摘帽的经验与启示

田阳实现高质量脱贫摘帽的经验与启示主要有以下六个方面。

一、推行领导干部"换位沉底"、帮扶干部"入户探亲"的扶贫工作机制，形成了独具特色的扶贫精神，是田阳脱贫攻坚工作取得成功的前提条件

在脱贫攻坚过程中，田阳以开展"六个年"（领导班子建设提升年、脱贫攻坚关键年、政策学习落实年、优化营商环境攻坚突破年、产业大招商攻坚突破年、重大项目建设攻坚突破年）活动为抓手，促进党员干部作风转变，实现帮扶措施"落地入户"常态化。一是每周确定一个工作主题。组织正科级以上领导干部以"换位沉底"方式，担任行政村书记助理、主任助理，解决扶贫联系点重点难点问题。二是召开一次民情会。"换位沉底"的领导干部和"入户探亲"的帮扶干部与村两委干部、第一书记、驻村工作队员、群众代表、贫困户代表等共同收集民意、了解动态，并将社情民意逐一列单，反馈到个人和单位。三是进行一次夜访调研。全体帮扶干部坚持每周带真情、带政策、带问题深入走访3—5户农户，重点对残疾户、因病致贫户、孤寡老人户等进行夜访，了解群众的期盼和愿望，做好扶贫政策宣传工作。四是体验一次"三同"（与群众同吃、同住、同劳动）活动。在每周开展"换位沉底"和"入户探亲"过程中，组织帮扶干部开展一次"三进三同三问"（进基层、进村

屯、进农户，与群众同吃、同住、同劳动，向群众问需、问苦、问计）体验行动。五是审核一次扶贫手册。实行批改作业式集中审核扶贫档案制度。六是落实一批帮扶措施。"换位沉底"的领导干部负责与村两委干部、党员代表、村民代表商讨完善本村帮扶计划方案，"入户探亲"的帮扶干部负责与结对帮扶户商定脱贫致富计划和措施。

二、创建"飞地"扶贫产业基地，带动贫困群众脱贫致富，是田阳找准脱贫路径的一大特色

田阳按照"组织重塑、产权配置、带资入股、返包经营、劳务增收、培训增智、融合发展"的思路，在"老乡家园"（贫困人口集中安置区）附近规划建设 20 万亩农林生态脱贫产业核心示范区和农林产品精深加工产业园，探索"党支部建在山头上、新型经营组织（合作社）建在产业链上、产业布局在基地上"的模式，将田阳区恒茂公司统一流转土地、统一规划，统一经营创建的 20 万亩农林生态脱贫产业核心示范区 8000 多亩的芒果种植地，按每亩 1 股的标准，以股权量化形式把基地经营权配置给 6063 户易地搬迁贫困户和 152 个村集体合作经营，赋予其 10 年经营权，达到搬迁户和村集体经济双增收的目的。同时，依托新山铝产业园、城区 2 个大型农副产品批发市场，配套建设农林产品精深加工产业园，引进一批农林产品精深加工企业，吸纳搬迁贫困群众进入城区周边转移就业，创新打造一系列"流动车间""扶贫车间""培训基地"，创造更多的就业岗位，逐步形成"山上基地，产业富民；山下园区，就业安民；农事城办，服务便民"的发展格局，真正使移民群众"搬得出、稳得住、能致富"。

三、创新打造华润五丰（田阳）生态养殖供港基地，促进村户共同捆绑增收，是田阳做到扶贫与扶志扶智相结合的一大亮点

田阳遵循"组织重塑、合作开发、利益共享、劳务增收、融合发展"的模式，通过党支部推动和致富带头人引领，在脱贫攻坚过程中，组织洞靖镇和五村镇原来的 21 个贫困村联合抱团成立养殖有限公司，贫困户以村为单位成立养殖专业合作社，参与基地合作开发。由政府、村集体、合作社三方出资建设养殖设施，华润五丰负责养殖和营运，打造"房东"与"租客"的合作经营模式，构建完整养殖产业链条，提升形成一二三产业融合发展的示范基地。基地规划建设一期 105 万羽肉鸡养殖集中区，二期 120 万羽蛋鸡养殖集中区，20 万头商品猪及 1 万头优良母猪养殖集中区，6 万套种鸡养殖集中区以及有机肥厂、物流中心等项目。基地每年可吸纳 800—1000 人务工，人均月工资 3500 元以上，年均增收 4 万元以上。

四、打造深百（南田）众创产业园，实现就业安民，是田阳扶贫工作社会动员体系建设的可行办法

田阳结合广西壮族自治区将田阳列为全自治区农民工创业园建设试点项目区的重大发展机遇，与深圳市南山区合作建立深百（南田）众创产业园，出台一系列优惠政策，主动对接东部产业转移，引进一批技术含量高或劳动密集型企业进驻。整合社会资源，对搬迁群众全覆盖免费开展职业技能培训，确保搬迁群众一年至少接受一次以上的培训，至少掌握 1—2 项实用技术。在脱贫攻坚过程中，鼓励企业和个体能人创办了厂房式或分散加工的居家式"就业扶贫车间"，扶贫车间与建档立卡贫困家庭劳动力签订劳务协议或承揽合同，给予企业补贴，激发企业开办"就业扶贫车间"的积极性，带动搬迁群众就业。

五、创新农事城办服务机制，做好移民搬迁后续服务，是田阳努力提升农民文明素质，让扶贫搬迁群众"搬得出、留得住、能致富"的一个创新举措

田阳在"老乡家园"移民搬迁点成立新型移民搬迁社区，推行社区网格化管理模式，以区域为单位设置大网格，各大网格下以楼宇为单位设立小网格，形成纵横延伸、到边到底的社区网格化管理模式。通过向社会购买服务的方式，聘请社工对社区进行区域化网格管理服务，小格格长（楼长）由能力突出的群众担任。组建移民搬迁社区党组织，各社区党组织根据自身情况，以楼宇为单位成立党支部，条件不符合的楼宇按就近合并的原则与相邻的楼宇合并成立党支部，扩大党组织覆盖面，提升党组织在移民搬迁社区管理服务中的引领作用。紧扣"为民、便民、富民、惠民、安民、乐民"目标，投入650万元在"老乡家园"移民搬迁点建立农事城办服务中心，配齐社区党委、居委会等功能室，从教育、民政、公安、司法等相关16个单位抽调业务骨干到服务中心大厅办公，为搬迁群众提供"一站式"服务，实现搬迁群众办事不回乡，就地发展有保障。

六、对标"三回头"（回头看、回头查、回头帮）、可持续扶持防返贫，是田阳落实返贫预警干预机制、脱贫"四不摘"（摘帽不摘责任、摘帽不摘帮扶、摘帽不摘政策、摘帽不摘监管）有力措施

为全力巩固脱贫摘帽所取得的成效，合力抓好各项乡村振兴工作，与全国全自治区同步实现全面建成小康社会后，田阳要求全体帮扶干部扎扎实实做好脱贫户返贫预防工作，全面落实脱贫户返贫预警干预机制，对照"两不愁三保障"标准，判断是否存在返贫风险，并对存在返贫风险的及时采取干预措施，确保实现所有脱贫户稳定脱

贫。组织帮扶干部对所有建档立卡脱贫户开展"回头看、回头查、回头帮",防止因脱贫质量不高而返贫,将返贫人口和新发生贫困人口及时纳入建档立卡予以帮扶,并探索建立稳定脱贫长效机制,强化产业扶贫,组织消费扶贫,加大培训力度,促进转移就业,让脱贫群众有稳定的工作岗位,并加强扶贫同扶志扶智相结合,让脱贫更具有可持续的内生动力。

同时,严格落实"四不摘",重点聚焦产业和就业后续扶持工作,以机制创新为要,以扶贫扶志为本,在"可持续"上下功夫,持续加大对已脱贫人口扶持力度,稳步提升收入来源,巩固全区贫困人口脱贫成效。

一是做到摘帽不摘责任。田阳继续坚持把乡村振兴作为统揽全局工作来抓,将主要精力投入到脱贫攻坚胜利后的巩固提升工作当中。强化区四套班子领导责任担当,制定了《常任指挥长制度》等。在脱贫攻坚过程中,建立和坚持实行"主官问政、扶贫专考、纪检监督",扶贫专项人大督查和政协点题等常态化措施;实行"主体责任制"和"一制度两办法",印发《第一书记述职评议制度》《贫困村党组织第一书记"美丽广西"乡村建设(扶贫)工作队员管理考核办法》《脱贫攻坚结对帮扶干部管理考核办法》《田阳区强化落实脱贫攻坚主体责任的通知》《田阳区脱贫攻坚帮扶干部管理考核"一制度两办法"实施细则》等制度措施文件,压实乡镇党委、结对帮扶单位、第一书记、驻村工作队员和帮扶干部"五个一线"主体责任,打造"永不走的扶贫工作队"。

二是做到摘帽不摘政策。积极探索建立稳定脱贫长效机制,强化产业增收的作用,促进转移就业,出台了《田阳区打好义务教育基本医疗住房安全"三保障"和产业就业饮水安全"六大战役"实施方案的通知》,实现了扶贫同扶志扶智相结合,持续加大精神扶贫力度,强化职业技能培训,切实增强脱贫群众自我发展能力和造血能力。持续加大对已脱贫摘帽贫困村、脱贫户产业就业扶持力度,统筹推进农村水电路、通信网络、文化卫生等公共服务设施建设，实现了设施扶贫再提升，进一步巩固脱贫攻坚成效和质量。先后出台实施了产业扶持资金委托经营、千元巩固发展行动、千元助推脱贫行动、万元扶贫产业增收计划、贫困劳动力就业培训、千人就业技能大培训、易地扶贫搬迁补助、苗木补助、小额信贷复利分红、特色产业差异化奖补、养老保险个人缴费补助、国家政策外学生资助等 10 多项政策措施，确保全区原来的建档立卡户户均至少享受 2 种以上的扶贫政策。

三是做到摘帽不摘帮扶。继续推行帮扶"全覆盖"和"双挂"制度，全区 31 名区处级领导挂点联系 61 个脱贫村，选派 390 名年轻优秀干部组建田阳区乡村振兴工作队，推选 7306 名（含自治区级、市直干部 778 名）结对帮扶脱贫户，实现全区 156 个村（社区）和建档立卡户结对帮扶全覆盖，实现选派第一书记全覆盖。同时，针对自治区、市级帮扶干部所联系的 1006 户建档立卡户，对 542 户加配 1 名本区干部职工协助完善相关台账资料，确保帮扶工作连续、不脱节。

四是做到摘帽不摘监管。在脱贫攻坚过程中，实行了"红黑榜督查通报"和"精准扶贫专项绩效考评"机制，将脱贫攻坚纳入全区绩效考评内容实行专项考评，出台《田阳区激励干部十条办法》《田阳区新时代人才队伍建设十条措施》等，创设"书记、区长奖"，对在扶贫一线工作成绩突出的单位或个人，给予政治上关心、精神上褒扬、工作上支持、生活上关怀。

后　记

　　脱贫攻坚是实现我们党第一个百年奋斗目标的标志性指标，是全面建成小康社会必须完成的硬任务。党的十八大以来，以习近平同志为核心的党中央把脱贫攻坚纳入"五位一体"总体布局和"四个全面"战略布局，摆到治国理政的突出位置，采取一系列具有原创性、独特性的重大举措，组织实施了人类历史上规模空前、力度最大、惠及人口最多的脱贫攻坚战。经过 8 年持续奋斗，现行标准下 9899 万农村贫困人口全部脱贫，832 个贫困县全部摘帽，12.8 万个贫困村全部出列，区域性整体贫困得到解决，完成了消除绝对贫困的艰巨任务，脱贫攻坚目标任务如期完成，困扰中华民族几千年的绝对贫困问题得到历史性解决，取得了令全世界刮目相看的重大胜利。

　　根据国务院扶贫办的安排，全国扶贫宣传教育中心从中西部 22 个省（区、市）和新疆生产建设兵团中选择河北省魏县、山西省岢岚县、内蒙古自治区科尔沁左翼后旗、吉林省镇赉县、黑龙江省望奎县、安徽省泗县、江西省石城县、河南省光山县、湖北省丹江口市、湖南省宜章县、广西壮族自治区百色市田阳区、海南省保亭县、重庆市石柱县、四川省仪陇县、四川省丹巴县、贵州省赤水市、贵州省黔西县、云南省西盟佤族自治县、云南省双江拉祜族佤族布朗族傣族自治县、西藏自治区朗县、陕西省镇安县、甘肃省成县、甘肃省平凉市崆峒区、青海省西宁市湟中区、青海省互助土族自治县、宁夏回族自治区隆德县、新疆维吾尔自治区尼勒克县、新疆维吾尔自治区泽普县、新疆生产建设兵团图木舒克市等29个县（市、区、旗），组织29个县（市、区、旗）和中国农业大学、华中科技大学、华中师范大学等高校共同编写脱贫攻坚故事，旨在记录习近平总书记关于扶贫工作的重要论述在贫困县的生动实践，29个县（市、区、旗）是全国832个贫困县的缩影，一个个动人的故事和一张张生动的照片，印证着人民对美好生活的向往不断变为现实。

脱贫摘帽不是终点，而是新生活、新奋斗的起点。脱贫攻坚目标任务完成后，"三农"工作重心实现向全面推进乡村振兴的历史性转移。我们要高举习近平新时代中国特色社会主义思想伟大旗帜，紧密团结在以习近平同志为核心的党中央周围，开拓创新，奋发进取，真抓实干，巩固拓展脱贫攻坚成果，全面推进乡村振兴，以优异成绩迎接党的二十大胜利召开。

由于时间仓促，加之编写水平有限，本书难免有不少疏漏之处，敬请广大读者批评指正！

本书编写组

责任编辑：王　淼
封面设计：林芝玉
版式设计：王欢欢
责任校对：吕　勇

图书在版编目（CIP）数据

中国脱贫攻坚. 田阳故事 / 全国扶贫宣传教育中心 组织编写 . —北京：
人民出版社，2022.10
（中国脱贫攻坚县域故事丛书）
ISBN 978 - 7 - 01 - 023209 - 6

I. ①中…　II. ①全…　III. ①扶贫 - 工作经验 - 案例 - 百色　IV. ① F126

中国版本图书馆 CIP 数据核字（2021）第 042164 号

中国脱贫攻坚：田阳故事

ZHONGGUO TUOPIN GONGJIAN TIANYANG GUSHI

全国扶贫宣传教育中心　组织编写

人民出版社 出版发行
（100706　北京市东城区隆福寺街 99 号）

北京盛通印刷股份有限公司印刷　新华书店经销

2022 年 10 月第 1 版　2022 年 10 月北京第 1 次印刷
开本：787 毫米 × 1092 毫米 1/16　印张：9.25
字数：125 千字

ISBN 978 - 7 - 01 - 023209 - 6　定价：36.00 元

邮购地址 100706　北京市东城区隆福寺街 99 号
人民东方图书销售中心　电话（010）65250042　65289539